みんなの家しごと日記

シンプルに、丁寧に。毎日を整える。

JN235885

SE
SHOEISHA

はじめに

日々の掃除、洗濯、料理。片付けや収納。面倒なものと思いがちな家事ですが、心ゆたかに過ごすための素敵な時間として楽しんで行う人が増えています。

本書は、そんな暮らしのひとつひとつを、丁寧に楽しんでいることで大人気のブロガーさん21人による、大切にしているモノとコトの記録日記です。

ものを増やさずシンプルに暮らすコツ。作り置きや保存食、ジャムづくり。編み物や手芸。整理整とんされた、おしゃれなすっきりインテリア。手を抜かない育児のこだわり。手間ひまかけて楽しみながら行なう、家での仕事。春夏秋冬を感じながらの、楽しい時間がそこにあります。

すぐ役立ちそうな家事のヒントだけでなく、家事に対してのその人なりの考え方も、とても興味深いもの。

家のきりもり上手なお友達に刺激を受けた日のように、家事へのモチベーションがむくむくとわいてきます。

今日から、あれを、始めてみようかな。家で過ごす時間をもっと楽しくするきっかけが満載です。

Contents

みんなの家しごと日記

column

IE SHIGOTO TALK

01

DAHLIA★さん

DAHLIA

モノに執着しない。シンプルですっきりとした暮らし。

「シンプルライフ×シンプルスタイル」
http://シンプルライフ.jp.net/

湘南在住、30代主婦。以前は、食器棚に入りきらない食器や雑貨、クローゼットに収まらない服と、モノにあふれた生活をしていましたが、引っ越しを機に、自分とモノとの関係を見直しました。まだまだ理想半ばの生活を送っていますが、モノに執着しないシンプルでスッキリとした暮らしを夫婦で築いていきたいと思っています。

好きな家事は何ですか

洗濯。着るもの&生活するものがきれいになる喜び、洗濯した後の香りがする衣類を身にまとうことに幸福感を感じます。／布団干し。洗濯したシーツの香りや日光浴させた布団にくるまれる幸せ。／サラダ作り。新鮮な地元の野菜を安くたくさん買えた日は、その新鮮でシャキシャキした味や食感を想像しながら作るのでワクワクします。

苦手な家事は何ですか

換気扇の掃除。換気扇フードが邪魔をして掃除がしづらくいまだにきれいに掃除できていないです。／整理収納。おおまかな入れる場所、戻す場所は決まっていますが、それを細分化し整理整頓するのが苦手。細かい寸法やそれに納まるサイズを確認するのが面倒で後回しにしてしまいます。

家族構成	主人とふたり暮らし
朝起きる時間と寝る時間	7時起床　0時～1時就寝
一日のうちで家事に使う時間	3時間くらい

2014年01月14日

掃除&整理嫌いの私の心得

5年前の引っ越し前までは、ものが多過ぎて掃除がしづらく、来客がないと掃除しないという日が恥ずかしながらたくさんありました。しかし引っ越しを機に、ものを捨てまくり、物を減らすことに成功。掃除も楽チンになりました。出ている物を片付けるというひと手間がなくなっただけで、すぐ掃除にとりかかれる。この〝ひと手間〟が厄介で、掃除する気が失せることが多かった私。今ではすぐに掃除にとりかかれるように、掃除洗剤&道具をバケツの中に入れて部屋の角に置くようにしています。出しづらいところに置くとまた行動がにぶってしまうから。まだまだ工夫次第で物は減らせて、快適ライフになりそうです。

2014年09月17日

断捨離したもの～食器の水切りかご

先日断捨離したのは、食器洗いの水切りかご。ＩＫＥＡで購入してかれこれ7年くらい使用していたもの。買い替えようかと思ったけれども、定期的にしなくてはいけない水切りかごの掃除も、面倒だなーと思ってたところ。そもそもモノを置くということは必ず掃除が必要ということ。掃除の手間を省くなら、水切りかごがなくてもいいんじゃない？ と。そこでリネンふきんを敷いて、その上に洗ったお皿をのせていくことにしました。洗った後は、さっさと拭いて食器棚に戻しています。むしろ衛生的で良いかも！

2014年09月21日

流しのぬめり掃除にオサラバ！

先日、断捨離した食器の水切りかごに続き、掃除キライな私にとって快適なモノを購入しました。それは「水切りリング」。水切りリングにストッキングタイプの深型用のネットをひっかけて使います。毎回の掃除が嫌だった、キッチンの菊割れ蓋と排水口のかご。これを断捨離できました。掃除の手間が省ける上に、排水口の奥まで常にきれいにしよう！という前向きな気持ちが芽生えました。

2014年10月06日

Seriaのほうき&ちりとり

１００均で人気のSeriaへ。ミニほうきとちりとりとスプレーを購入しました。日々の床拭き掃除で出る小さなゴミ。最終的にいつもコロコロ粘着テープでとっていて、室内用のほうきとちりとりが欲しいなーと思ってたところ。コンパクトな大きさに一目ぼれ♪ 取り出すひと手間を省くために、洗濯機の側面にかけてスタンバイ。キライな掃除を少しでもチャチャッとやるための小さな工夫です。

2014年11月03日

欲しくなくなったモノと必要なもの。

以前、部屋の片付けのきっかけはいつも来客でした。モノが多過ぎて片付かない部屋、行き届かない掃除。そんな部屋をごまかすために、さらに飾りモノを買ってきたりして。時間が経つと、その置物にはまたほこりがつもる……。そんな生活を経験して、もう置物に興味はなくなりました。

シンプルな生活を目指すようになって、以前よりもっと大切にしていることがあります。それは、生花を部屋に飾ること。最近は果物も飾るように置き、視覚&臭覚&味覚で楽しんでいます。摘んだ草や花を飾り、四季を感じる暮らしをつくっていけたらと思うのです。

2014年12月30日

アルカリウォッシュでスッキリ！

明日はいよいよ大晦日。今年は今まで放置していた場所の大掃除ができ、少し進歩しました！ それは、洗面台とお風呂場の床の水あか。クレンザーや重曹で磨いても、強力なカビ取り剤でも効果はイマイチ。これはもう取れないと諦めていました。がっ！ ダメもとで白いスポンジ＋アルカリウォッシュでこすってみたら！ きれいに落ちるじゃないの〜！

水で薄めたアルカリウォッシュをスプレーしてから、さらに上からアルカリウォッシュの粉をふりかけながら、根気よくこすると真っ白に！ これが気持ちよくて手が止まらない！ 眩しいくらいのお風呂の床、ツルツルの洗面台。実に気持ちがいい！

2015年01月11日

お気に入りクロスKEYUCA

昨年購入したKEYUCAのパイルレンジクロス（左）。油汚れをかき取る、ループ状繊維でできていて洗剤なしでもピカピカ。とても便利でお気に入り。今まではレンジ周り専用のスプレーをかけてから、拭いていましたがこのクロスであれば水拭きでOK！ キッチン周りはこれ1枚で済ませています。これがよかったので、「クロススポンジ」も購入！ 1枚のメッシュ状のクロスで洗ってみると想像以上に泡立ち、乾きも早いので衛生的です。こちらもリピート間違いなしの一品になりそうです。

▼2015年02月22日

少ない服で着こなす。春のコートは要らない

数年前、春と秋限定のコートは、私には不要ということに気付き、持っていたスプリングコートはすべて手放しました。結果、昨年もその前の年もどうにか過ごせています。もともと暑がりなのもありますが、肌寒ければ首もとにはストールを巻いて、スウェットのパーカで十分。もっと寒いときは、雨の日用で着ているUNIQLOの薄手のナイロンコートを着用しています。生活スタイルが変われば、薄手のコートが必要になる日もくるかもしれませんが、そのときは、夏以外の3シーズン着回せるコートを手にしたいと考えています。

▼2015年02月27日

むふっ♪　ムスカリLOVE

春の花の中でも球根の花が大好き。その中でもムスカリLOVE。ムスカリの品種も年々増えていて、新たな顔に出会うのを毎年楽しみにしています。今回はムスカリの鉢を買って来て、そーっと土から出して、根を洗い流してフラワーベースに活けてみました♪（若干、根っこに土が残っています）あーやっぱりかわいい！　もう1個のつぼみまできれいに咲きますように！

▼2015年03月13日

コンパクトライフ。必要な数を把握する

以前は何でも多めにものを所有することで安心感を得ていたのです。いざというときのために、って。でも、〝いざ〟っていつ？　結局多めにもっていなくてもどうにかなる。最小限のものしかなくても生活できると気付きました。例えば今年の秋冬に必要なインナー数はこんな感じ。◆ブラジャー3枚　◆ショーツ　6枚　◆ヒートテック（ホワイト）2枚→3枚に増やす　◆エクストラヒートテック2枚→1枚に減らす　◆靴下　4足　◆スパッツ　3足

必要な数を把握すると、余計な収納スペースもいらない。これは持ち物すべてに言えること！　My必要数を把握していきたいと思います。

2015年03月15日

買わない習慣。インテリア編

数年前に引っ越しを検討したときのこと。1部屋分以上のモノを減らすことになり、お気に入りのヴィンテージ家具やら、使っていないたくさんのモノをとにかく手放しました。これは、体力的にも精神的にもかなり疲れました。それ以来、家具や収納棚を買うのもかなり慎重に。

今も、買いたい棚がありますが、賃貸なのでいつまで住むかわからないし、今あるもので工夫して過ごしています。たとえば、使わなくなったオイルヒーターの上に使っていない本棚の仕切り板を乗せてコンポを置いています。さらにその上にも仕切り板を乗せて飾り棚に。

2015年03月25日

食材を使い切る。捨てない知恵

石村由起子さんの著書を初めて読んだとき、日々の丁寧な暮らしぶりに、本当にアタマが下がりました。季節感を大切に、素材を生かした暮らしなのです。影響されたのは、〝素材を使い切る〟こと。じゃがいもやにんじん、大根の皮まであますことなくいただく徹底ぶりで、早速、真似してみました。昨日の夕飯で使った大根とにんじん、この皮を捨てずに千切りに。小皿一皿分しかない量だけど、これに同じ根菜類を合わせれば違和感なく、相方にバレずに、食卓を飾れます（笑）。今日はきんぴらに。厚めに切った大根の皮をごま油でサッと炒めると何ともいえない歯ごたえでおいしい。立派なご飯の友になりました。

2015年03月27日

常備菜の保存容器を無印良品で

今まで常備菜の保存は、とりあえず買ってきたものやもらいもののタッパー。使いやすくデザインもよいものを探すことに。保存容器に求めるのは、①軽い ②透明で中身が一目で確認できる（中身を個別に書くことはしたくない） ③蓋が複雑な構造になっていない（洗いづらく乾きにくいものはNG） ④スタッキングできる ⑤電子レンジで使用可能。……私の5つの条件を満たしてくれたのが無印良品の容器でした。サイズは深型と浅型があります。さて、買って大満足していた私。ところが冷蔵庫の一段一段の高さが低いために置きたかった場所でスタッキングできない！ 深型だけではなく浅型も買うべきでした。これからも痛い失敗を繰り返しながら、日々、成長させていただきます。

2015年03月30日

我が家の常備菜

我が家の常備菜、グリーンサラダです。クレソン、わさび菜、かいわれ大根、にんじん、新玉ねぎ、ラディッシュ、ミニトマト。たっぷりの野菜はスライス&カットして、冷水に浸し、シャキッとさせます。その後、水を切り保存容器へ。いつも3日分くらいまとめて作ります。野菜によっては色が変色したり、痛みやすいのもあるので分量を調整。一度作っておけば肉料理の付け合わせにも使えるし、豆や卵、豆腐や海藻などをトッピングしてボリュームサラダにも。日々、アレンジして使っています。

2015年04月19日

スタッキングできる収納木箱（りんご箱）

半年くらい収納ケースが欲しいなと思っていたのですが、デザイン、機能、価格、捨てるときの手軽さ……など考えるとなかなかピンとくるものがなかったのです。それが先日、ぴったりのものを見つけちゃいました！　青森県のりんご農家が長年使用していた「りんご箱」。縦や横にスタッキングでき、移動式のキャスターをつけたり、ペイントしてもよさそう！ガーデニングの台としても使えそうなのが気に入りました。私が購入した木箱は、2個で1600円（送料込み）。我が家で大活躍してくれそうです。

2015年05月11日

冷蔵庫の野菜室をスッキリ！

今回、テコ入れしたのは冷蔵庫の野菜室デス！　今まで行き場のない収納ケースで済ませていたので、高さのあるものを立てかけられず収納として全く意味のない状態でした。

そこでダイソーへ。野菜室専用の収納ケースという便利なものを発見。フックがついていて簡単に連結でき、取り外しも簡単！　野菜室に3つくらい入りそう……というお得意のズボラ感覚で買ってきたところきれいに3つ収まりました。これは想像以上に快適♪　見た目もスッキリ。今後、野菜の保存袋はファスナー付きの透明袋で統一して、パッと見やすく&美しくを保っていこうと思っています。

02
尾崎友吏子さん
Yuriko Ozaki

男子3人をもつワーキングマザー。あれこれ工夫して家事も楽しく。

「cozy*nest すっきり美しい暮らし」
http://kinarinococoro.blog.fc2.com/

幼稚園、小学生、高校生の男子3人を持つワーキングマザー。長男の誕生を機に、子どもたちに美しい自然を残したいと考えるように。時間やエネルギーの無駄を省く、シンプルで自然に優しい暮らしをつづっています。購入・管理・維持・廃棄に費やす時間、費用のコストが抑えられる、モノを持たない暮らしで、自然に優しいだけでなく、家事の負担も軽減。人生という旅をより楽しむため、持たない暮らしという試みを実践中。

好きな家事は何ですか
何か作ること。特に料理。家族が喜んで食べてくれるから。／家事になるべく時間がかからないように、あれこれ工夫すること。

苦手な家事は何ですか
洗濯干しと洗濯物たたみ、衣類の管理全般。衣類の管理をするのが苦手だからか、服の断捨離が劇的に行うことができました。

家族構成	夫、長男（高1）、次男（小5）、三男（年長）
朝起きる時間と寝る時間	起床6時　就寝24時
一日のうちで家事に使う時間	平日は2時間、休日は4-6時間程度。子どもたちが手伝うようになって、年々楽に。

2012年09月11日

トイレ掃除は3分

我が家は男子が4人いるので、毎日のトイレ掃除は必須です。汚れを発見するたびプチ掃除するので、へたすると1日何回も。まずは朝、一番に自分がトイレに行くときに掃除することにしています。

まず、クエン酸スプレーで便器の周り、蓋をしゅっしゅっ。精油入り重曹を便器の中にふりかけ、ブラシでこすります。クエン酸スプレーした部分をトイレットペーパーで拭き取ります。手洗いタンクを消しゴムスポンジでさっとこすります。トイレのタオルで、タンク上をぬぐいます。ほどよく湿ったそのタオルで観葉植物が置いてある飾り棚、スイッチプレート、ドアの取っ手、便器の蓋、リモコンのボタンなどを拭き上げます。タオルを新しいものに代えて終了。

私の場合、これで2分40秒から3分ぐらい。ストップウオッチを手にして計ってみた値です。ひとつの仕事に何分かけているのか、実際計って知っておくと便利ですよね。

▼2012年12月21日

リビングの悩み。畳んでいない洗濯物の置き場所

我が家の洗濯物の量、タダモノではありません。長男の朝練、制服のシャツと下着、夕方の部活のユニフォーム、帰宅後の服……。今の季節、1日で、長男のトップスだけで7枚も洗濯します。

上のふたりには、自分のものは自分で畳むのを「お手伝い」ではなく「仕事」にしていましたが、取り込んだ洗濯物がずっと山になっておいてある。

以前、個人の畳んでいない洗濯かごを作り、とりあえず個別にそこに放り込む、という方法にしていたことがありました。ところが、かごの山は毎日のように高くなり、着るものがなくなると山から着るものを探し……。そこで、ハンガーで干すトップスはすべて、ハンガーのままつるして収納することに。結果、畳む手間がぐっと減りました。

上の子どもたちの洋服&ハンガーかけ以外の洗濯物は、それほど量がなく、しわも気にならないものばかりなので、取り込みと同時に畳むよう心がけています。そして畳む時間がないときにはランドリーバスケットごと脱衣室に置くことにしました。これでリビングに洗濯物置きっぱなし状態がだいぶ少なくなりました。

▼2013年03月27日

無印のアルミハンガーにひと工夫

始めは子どもの服だけだった、ハンガー収納。とても効率的だったため、私の服もハンガーにかけたまま収納に切り替えました。

ハンガーはすべて無印のアルミハンガーに統一。シンプル、かつ薄さが魅力。私の苦手なプラスチック部分もないし。ただ、ニットや襟ぐりの開いた服は、滑り落ちが気になっていたのです。

そんな折、無印の店舗のハンガーにシリコンの滑り止めがついているのが目につきました。ところが売り物ではないとのこと。だったら、シリコンで似たような形状のものはないか？　と思い家の中を探してみました。

ちょうど、捨てようと思っていた三男用だった「鼻吸い器」のチューブが目に留まり、切ってつけてみると、完璧！　とっても気に入っています。欲しいものがなければ他のもので流用って、けっこう好きです。

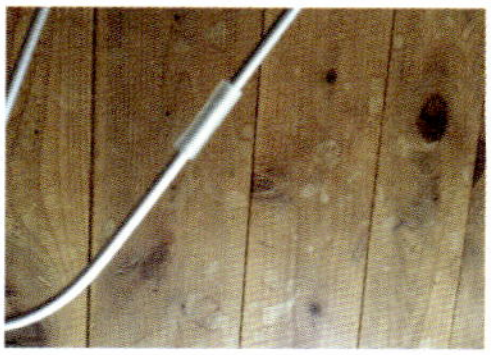

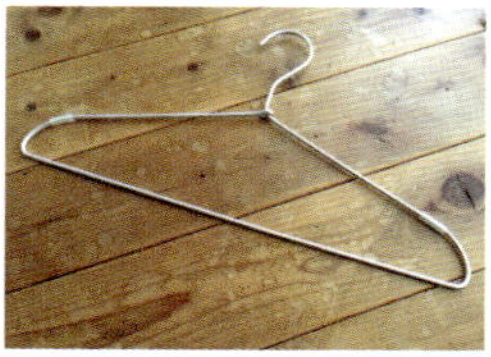

▼2013年07月08日

コレクション嫌いのコレクション

先週、やっと生協から届いた梅に手をつけました。2日目の梅たち。左がシロップで、右が梅酒。今年もきび砂糖でシロップを作りました。

梅のヘタとりは三男に手伝ってもらいました。「ぼくのうめじゅーちゅ、はやくできないかな～」。梅に砂糖が絡まるようにお世話する、と言って毎日ガラス瓶をゴロゴロ転がしてくれています。

梅酒と梅シロップはほぼ毎年作っています。梅シロップはジュースにしたり、フラッペのみつにしたりして、あっという間になくなりますが、梅酒は全部飲まずに少しだけ毎年保存しています。4合瓶が少しずつたまってきました。「神の河」の空き瓶、とってもかわいい。

「今使わないものは持たない」主義の私の、唯一のコレクションです。息子たちが生まれた年のものも残しているので、20年ものの自家製梅酒をプレゼントして、成人のお祝いの乾杯をするのが楽しみです。

2013年12月08日

まほうの20分で効率よく働く朝時間

『かぞくのじかん　2013年12月号』（婦人之友社）に「まほうの20分」を上手に使う、という記事がありました。

時間に区切りを持って、だらだら仕事をするのを止めてみる。区切りの時間は20分でも15分でもOK。集中できる時間は最長20分ともいわれているからだそうです。

私も20分で区切って、朝のスケジュールを書き出してみました。

5時40分　目覚ましが鳴る。布団の上でヨガかストレッチ
6時00分　起床、身支度。トイレ、洗面掃除。洗濯機オン
6時20分　お弁当作り
6時40分　朝食作り
7時00分　朝食
7時20分　洗濯干し、洗濯2回目
7時40分　朝食片付け
8時00分　リビング掃除、三男登園用意
8時20分　三男送り、おやつ用意、洗濯2回目干し
8時40分　朝仕事完了。出勤

私は働いているとはいえ、9時〜3時半勤務。いつかフルタイムで復帰したいと思いますが、下の子は小さいので将来の「キャリア」や「お金」より、今の「時間」を大切にしたい。長男が中学生になり、共に過ごす時間が減ってきた今、心からそう思います。

そして、私の朝仕事の終わりは8時40分。疲れて帰宅後、片付けから始めなくて済むように、リセットされた状態で家を出るよう心がけています。

2014年03月08日

おやつはしっかり、簡単に。

我が家では「4回食」というのをしていて、おやつは第4の食事と考えています。手の込んだおやつはほとんど作りませんが、市販品は出費もかさむし、添加物なども気になるところ。我が家の定番おやつは、以下の通り。

- おにぎり。朝、ご飯を炊くとき、おやつのおにぎり分も考え、多めに炊く。炊くとき、少量の酢を入れると腐敗しにくい。また、握るときも手に水をつけず、酢をつけて握る。
- おもち。トースターがあれば、子ども

が自分で焼ける。
- ふかし芋。蒸したじゃがいもやかぼちゃ、夏ならゆでたとうもろこしなども良いですね。
- 干し芋。買ってくるだけ。
- しょうゆせんべい。これも買ってくるだけ。味付けがしょうゆだけのものを選ぶ。
- トースト。自分でマーガリンを塗り、シナモンシュガーやジャムをつけて。ナチュラルなスライスチーズでチーズトーストも。

また、普段ケーキやマフィンを手作りするときは、菜種油か白ごま油を使います。白ごま油は、ごま油特有の香りが少ない万能な油。お菓子作りや揚げ物油としてオールマイティーに使えます。バターや生クリームを使ったリッチなお菓子を作るのは基本的にクリスマスや誕生日、お祝いのときだけです。

2014年04月18日
断捨離後、捨てられなかった服のゆくえ

ここ4年ほど愛用していた、無印のダブルガーゼのパジャマ、先日ついに肩に穴があいてしまいました。いつものようにウエスにしようとハサミを入れていたら、それを目撃した三男(4歳)が「おかーしゃんを切らんといて〜」と泣きだしました。もともと私のこのパジャマの匂いをかいだりするのが好きだった三男。生まれたときから、寝るときには、このパジャマがいつも一緒だったんです。

そこで、まだ生地が無事だった部分を、三男の枕カバーにリフォームしました。といっても、上下を袋縫いしただけ(ボタンは下になる部分に)。とっても気に入ってもらえました。時折顔をうずめています。ポケットには仲良しのぬいぐるみ。ポケットをお布団代わりに、今日は一緒に寝るそうです。

2014年04月22日
アイロンがけ時間が4分の1に短縮

20年近く前、結婚の前に「生活基礎講習会」に参加しました。衣食住・家計など生活全般の基礎を教えてくれます。自己流のやり方とは違う、美しく効率的なやり方があると初めて知ったのです。

特に印象に残ったのがアイロンがけ。それまで、父のYシャツ1枚に10分かかっていました。講習会の後は3分半に。現在では2分半。夫の10枚のYシャツ2週間分、アイロンの出し入れも含め30分で終了です。

『婦人之友』を創刊した羽仁もと子の思想に基づく「全国友の会」による、この「生活基礎講習会」は、今も全国各地で毎年開催されています。家事を研究して80年以上なのだとか。

ちなみに私のアイロン台は、折りたたみ式のアイロンマット。収納場所をとらないので気に入っています。なんであんなにかさばるアイロン台を使い続けていたんだろう? 藤のかごに入れて収納棚に入れ、アイロンをかけるときはかごごと出すだけです。

2014年05月16日

週末の作り置きで夕食準備20分

週末に作る、平日のための作り置き。食べざかりの子どもたちがいて、仕事もしているので欠かせません。

きゅうりの甘酢漬け／新玉ねぎのマリネ／ゆでいんげん／ゆで小松菜／にんじんの甘酢漬け／ゆでほうれん草

豚肉のみそ漬け／五目きんぴら／肉みそ炒め／高菜ご飯の素

野菜甘酢漬け（弁当用）／野菜炒めの素／サツマイモレモン煮

作り置いたものは保存容器に入れて冷蔵庫へ。これをどのように使っているか、ある週のメニューと共にご紹介。

〈月曜日の献立〉ご飯／けんちん汁（よく週末に鍋いっぱいに作っておきます。みそ汁と違い味が落ちにくい）／塩サバ焼き／五目きんぴら（作り置き。ほうろうは直接火にかけられて便利）／ほうれん草のおひたし（作り置き）／さつまいもレモン煮（作り置き）。

この日はご飯を炊いて魚を焼いただけ。

〈火曜日の献立〉高菜まぜご飯（作り置きの高菜ご飯の素で）／中華スープ／鶏ハムのサラダ、玉ねぎマリネ添え（作り置きの鶏ハム、玉ねぎのマリネで）。

この日は私が発熱。しんどくて何もできず、作り置きがあって助かりました。朝しかけておいた炊きたてご飯に、長男が作り置きのまぜご飯の素で用意しました。作り置きがあれば、子どもでもちゃんとしたご飯が用意できます。

〈水曜日の献立〉ご飯／みそ汁／豚肉ともやしの炒め物（豚肉はロースを細く切り、みそ漬けに。ニラともやしで炒め、塩こしょう）／ポテトサラダ（朝ゆでてつぶしておいたポテトと、作り置きの玉ねぎマリネ、きゅうりの酢漬け、にんじんの酢漬けで）／五目きんぴら（味がしみていてもおいしいものは倍量作っておきます）。

〈木曜日の献立〉春雨サラダ（作り置きのきゅうりの甘酢漬けとにんじんの甘酢漬けで）／マーボー丼（作り置きのひき肉のみそ炒め）／卵のスープ

朝は、下ごしらえをしていきます。マーボー豆腐用の豆腐をゆで、ざるにあげた後、同じお湯で春雨をゆでます。私の経験によると、日曜日にゆでたものは水曜日ぐらいまでに使い切ったほうがよいです。そこで、改めてゆでモノをしているというわけ。

〈金曜日の献立〉焼きそば（作り置きの野菜炒めの素）／トマトと玉ねぎマリネのサラダ（作り置きの玉ねぎのマリネ）

そろそろ作り置きも切れ、金曜日はたいてい手抜きメニュー。野菜炒めの素は豚肉と玉ねぎ、にんじんなどの水分の少ない野菜を炒めて塩こしょうしておきます。週末に買い置きの肉は火を入れて下味をつけておきます。水分の出るキャベツは当日に炒めます。焼きそばだったら始めから20分ででき る方もいるでしょう。でも、我が家の場合、量がハンパなく、麺は7玉使います。野菜の量も多いので、切るにも炒めるにも時間がかかる。少しでもやっておくと当日ラクなのです。

野菜炒めの素

週末の冷蔵庫。作り置きはほとんど食べきりました。

2014年06月27日

ワードローブはiPhoneのカメラロールで管理

衣服の管理は、iPhoneのカメラロールのページでしています。「夏」「秋」「冬」など、季節ごとにアルバムを作っています。アルバムで見ると、写真の数が表示されるので、いくつの服を持っているか一目瞭然。そして、そのシーズンの服が一覧できるので、組み合わせでコーディネートもしやすい。トップスの下にボトムスの写真を移動すれば、マッチするかどうかもわかりやすい。コーディネートアプリがたくさんありますが、今のところ既存のシンプルなアプリで間に合っています。

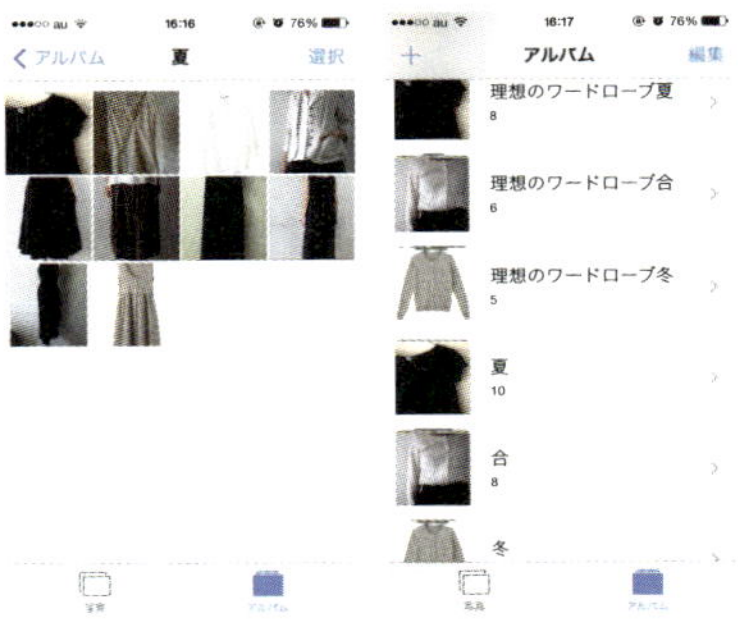

2015年01月22日

毎日20秒。シンプルな靴のお手入れ

朝、履く前の靴に、玄関に置きっぱなしにしているブラシをさっとかけます。両方で20秒ぐらい（本当は脱いだときにお手入れするのが理想ですが）。これだけできれいを保てます。

週に一度は「ラナパー」でお手入れ。ブラシをかけてから、スポンジでラナパーを刷り込みます。1足1分ぐらい。ラナパーは天然素材なので、いやな匂いがしないうえ、色がつかないのでこれひとつでOKなのです。靴クリームを天然のものにしただけで、面倒だった靴のお手入れが、楽しいものとなっています。

2015年02月01日

服のもち数17着のすべて

iPhoneの「アルバム」のスクリーンショットです。服のもち数は40着前後で落ち着いていたのですが、「必要」「不必要」を極めていき、袖を通す回数が少ないものから手放していったら劇的に減りました。

今年の冬は、カーディガン3着、ボトムス2着ですが、全く不便していません。実は昨年から欲しい長袖ワンピがあるのですが、「必要か？」というと「必要じゃない」。

雑誌「婦人之友」に影響され、初めて服を数えたとき、400着以上ありました。現在、数はそのときの1／23になりました。

▼2015年02月17日

ミニマムなクローゼット収納

私の クローゼットは夫と共有の、寝室の8畳間にある押し入れ。築44年の、ふるーい、押し入れです。シーズンに着用する服は、すべてつるして収納していま す。押し入れは、奥行きがあり過ぎて、クローゼットや物入れとしては使いにくいといわれています。でも、奥に季節外のもの、手前に使っているものを入れると、間口が有効に使えて効率的です。

以前は、「衣替えしなくてよい少ないクローゼット」を目指していました。でも、衣替えをして、そのシーズンに着なかったものの処分や、お手入れをする機会を設けたほうが、服の管理が行き渡るように思います。なにしろ、数も少なければ衣替えもラクラク。

▼2015年03月17日

週末の先手仕事*お弁当に冷凍食品を使わない

「揚げたてを食べたい」それだけの理由で、普段は家族が揃う週末にしか揚げ物をしない我が家。でも、ついでに、お弁当のお総菜などはたくさん揚げます。週末の先手仕事。

ミートボール／ポテト／畑のお肉／きんぴらごぼう／大根、麩、にんじんの煮物

ブロッコリー／にんじん下ゆで／大根とにんじんの甘酢／きゅうりの甘酢／ゆで小松菜／ゆでほうれん草（青菜は週に6把ほどまとめてゆでます）

お弁当には、割高な冷凍食品は使わないようにしています。よくスーパーで安売りになっているけど、単位重量から計算すると、ずっと家で作るほうが安いし、安心。それほど手の込んだものは作りません。昨日は幼稚園の卒園式でお休み。三男とお友達とこのお弁当を持って、公園へ遊びに行きました。

03

かおるさん

KAORU

厳選されたモノとの暮らし。15分で片付く部屋が理想です。

「Aula」
http://aula.exblog.jp/

大阪府在住の主婦、時々グラフィックデザイナー。40代。趣味は部屋の模様替えと読書。主婦暦15年。その間に子どもがふたりと犬が2匹と家族が増え、インテリア雑貨が好きなのもあり、物は増えるばかりだった数年前。片付けの本を読み、一念発起。コツコツ片付け始めて4年弱たちました。片付けが進むにつれ、買い物の仕方、ものの見方も変わりました。厳選されたものとの暮らし、15分あれば片付く部屋を理想としています。

好きな家事は何ですか

ホコリとり。拭き掃除が好きなのでまめにしています。ホコリを追い払うとスッキリします。／収納を考えること。収納が「今」の生活にぴたりと合うと、すごく生活がしやすくなるので。／模様替え。趣味です。少しの変化でも、いつもの位置から別の位置へと変える事で生活がとても新鮮になるのでやめられません(笑)。／作ること。裁縫や手作りが好きです。クッションカバーやポットマット、散歩バッグや自分の服。買う前に、作れるかも？と思います。

苦手な家事は何ですか

窓拭きは、同じ窓を同じように拭くという単調な作業なので、途中で飽きてしまいます。

家族構成	夫、私、長女(3年生)、次女(1年生)
朝起きる時間と寝る時間	6時半起床。寝る時間は12時〜12時半
一日のうちで家事に使う時間	1時間くらい

2012年01月11日

ソファカバーを作る。

年末に布屋さんへ行ったのをきっかけにボッとミシン熱に火がついてしまい、娘たちの簡単スカートを続けて4着、熱が冷めぬうちに……とソファカバーまでダダダーッと作ってしまった。布屋さんの初売りで、メートル380円だった「ヘビーダック」。帆布のかなり厚めの生地。材料費は合わせて6400円くらい。この布、14・5mはズシッと重く、お店の人にも「車ですよね？」なんて確認されるほど。

前回よりも丁寧に、きっちり角まで立体設計。ピタッと張り付くように作れました。一度目は二度と作りたくないと思うほど大変だったけど少しは慣れたかな？　わたし的にはかなり気に入ってます。おニューのソファを買ったみたいにうれしかったりして。ムハハ。

2014年03月18日

デッキブラシで玄関掃除。

玄関からポーチにかけての、白い大きなタイルは汚れが目立つ。それだけに、掃除に力の入るところ。マンションに住んでいたときに買ったデッキブラシは、その当時は飾りと化していたのだけれどここに来てからは、かなり働いてもらっている。雨上がりは、バケツにたまった雨水で、普段はお風呂の残り湯をまいてゴシゴシして雑巾で仕上げ。

けれども、ここがきれいなのは数時間。子どもが帰るとすぐにまたドロドロ。また明日も、磨きがいあり。

2014年08月21日

1日1ゾーン。片付けてます。

先日訪問した友人宅、ほどよく生活感がある感じで、ステキでした。なんでもドラマ『最後から二番目の恋』の小泉今日子さんのお部屋を参考にしてるとか。ネットで見てみると、まさに！ という感じ。ほどよく生活感があるけれど、散らかってるようではない……難しいですね。さてさて、1日1ゾーンの片付け。無印良品、ファイルボックス（奮発！）で、シンク上、つり戸棚の中を片付けます。ビフォー（写真上）。100均のケースは、取り出しやすく気に入っていたのですが、取っ手部分のデッドスペースをなくしたかったのです。側面が斜めなのも、気になる部分。アフター（写真下）。側面がまっすぐなので、キレイに収まりました。

▼2014年08月23日

お皿を全部立ててみる（洋食器編）。

お皿を立てて収納したら、すごく取り出しやすいはず。と思い続けて数年。今回、使ったのは、またもや無印良品「スチロール仕切りスタンド・小」683円、「スチロール仕切りスタンド・大」893円。小さめのプレートがコロコロと転がらないよう、IKEAの滑り止めシートをはめ込んでいます。重ねて収納するよりもずっとたくさん、収めることができました。

こうして見ると、持っているお皿の数に驚きです。これだけあれば、十分過ぎます。と、片付けは物欲制止にもなり、いいです（笑）。これからは、増やしたら減らすことを考えたいと思います。

▼2014年08月24日

続・お皿を全部立ててみる（和食器編）。

和食器は、厚み、形がさまざまなので、ブックエンドで立ててみることに。幅が変えられる上、重さもあるので、ぴったりでした。そして無印良品のPP整理ケース、仕切りを増やして「まめ皿」を立てることに。ここまで整理したら、下段の食器も立てたくなり、夕方無印良品へ行って来ました。今回はオトナの事情よりも、片付けスイッチを優先（笑）。スイッチ切れたらタイヘンです。大好きな食器なので、ちゃんと全部使って楽しみたい。取り出し、片付けを楽にして、少しでも家事の時間を減らしたい……そんなことを思いながら、すっごく脳をフル回転させた今回の片付けでした。やり遂げた感がすごいです（笑）。けど、燃え尽きる前に、もう少し片付けたいです！

2014年08月25日

食品ストック引き出しの片付け。

食品ストック引き出しの見直しです。無印良品　ケース・ファスナー付き　B6サイズ105円、A5サイズは116円。以前このケースに電池や輪ゴムなどを入れて収めたら、収納スペースが圧縮できた上、取り出しやすく、見た目もいいと、いいことづくめ。なので、思い切ってたくさん調達。塩やだし、紅茶、ふりかけ、そうめんなど。雑多になりがちな、食品ストックスペースですが、自分に合った収納方法が見つかり、なおかつ見た目も少し改善され、うれしさのあまり、部屋の模様替え同様、無駄に引き出しの開け閉めをしてしまってマス(THE　マニアック!)。

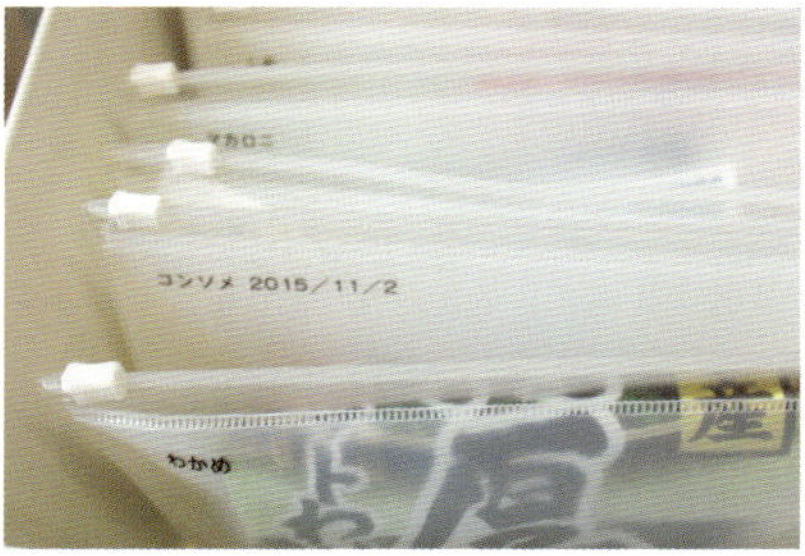

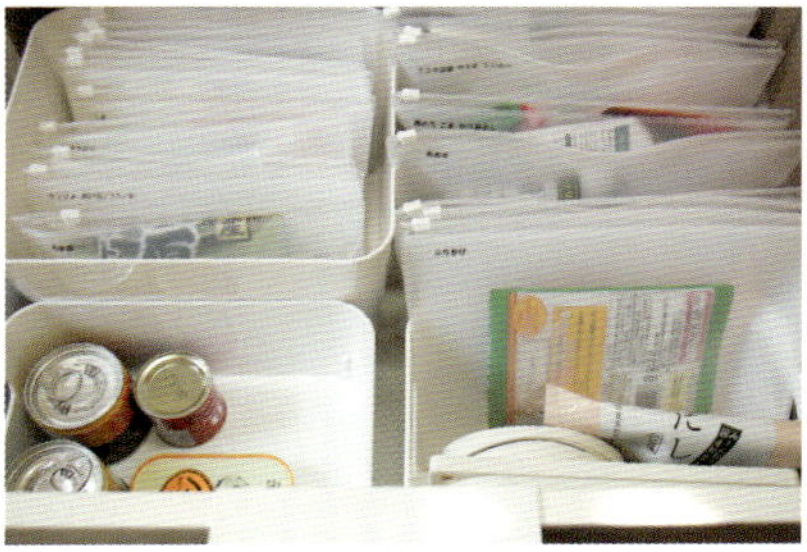

2014年08月25日

子どものTシャツで鍋つかみ。

長女がずっと小さかった頃に着ていたTシャツが出てきました。もう次女も着られません。デザインがカワイイので、これは、リメイクすることに。キルト芯を入れ、鍋つかみに。ラッパのデザインの周りもクルリと一周ミシンをかけると、少し立体的な感じになりました。両脇のふたつも、ずいぶん前に手作りした鍋つかみです。とてもくたびれてきているけれど、愛着が増し捨てられないでいます。こんなに汚いのに!とはいえ、3つもいらないので、どちらかを手放します。

2015年02月10日

カッティングシートでキッチンを白く。

元は赤いツヤのある素材だったキッチン。カッティングシートで白くしました。貼ったのは、サンゲツのカッティングシート、マットな白。品番「TA-8323」。貼る作業は思ったよりカンタンで、所要時間2時間半ほど。夜になると、よりはっきり白が浮き立つ、念願の白いキッチンです。こんなにカンタンならば、もっと早くにすればよかったと思うのでした。

2015年03月23日

石岡信之さんのうつわ。

うちにある石岡信之さんのうつわ。大きさも形も、とっても使いやすくて絶妙な色合いも、気に入っているところ。大皿は、刺し身を盛ったらとても栄えるのでいつもこれ。

2015年04月08日

入学式。上履き入れ。

ピカピカの1年生だから！　と急きょ作ることにした「上履き入れ」。さくらんぼの部分は着られなくなったワンピース。お下がりのものをさらにたくさん着て、ずいぶんクタクタだったけれどキレイなところを、切り取って作りました。あまり喜んでないように見えたけど、友達に「これ何からできてるかわかる—？」なんて質問したりして。けっこううれしいんじゃないの？（笑）　そして迎えた入学式。晴れてピカピカの1年生となりました。早生まれで、背も小さいので、心配はたくさんあるけれど持ち前の明るさで、楽しい1年にしてほしいものです。

2015年04月09日

リビングに子どもデスクを設ける。

子どもたちが自分で用意ができる、宿題がしやすい環境というのを改めて考え直してみることに。壁際に机を置くことにしたのです。とはいえ新たに買った家具は何もありません。

無印良品「硬質パルプボックス」を3つ並べて（中身は主人の読まないけれど、捨てたくない本）、滑り止めを敷き、天板（伸ばせるダイニングテーブルの付属品）を置いたらできあがり。机の下にランドセル、教科書置き場を作りました。帰って来た長女、早速机に向かいます。いい感じです！

04

tomoさん

tomo

ものと真摯に向き合い、すっきり整った住まいに。

「Life Co.」
http://lifeco23.exblog.jp/

兵庫県在住。ウェディングプランナー、プランナー育成講師を経て結婚。現在は専業主婦。30代。転勤族なので「ものを少なくシンプル&スマートに暮らす」をモットーに生活しています。どんなに小さなものでも厳選し、家に無駄なものを持ち込まない。ものと真摯に向き合きあうことこそが「効率のいい収納」「丁寧な暮らし」「心豊かな日々」につながると考え、家族みんなが落ち着ける、すっきり整った住まいを実現できるよう努めています。

好きな家事は何ですか

整理収納。整った状態が一番気持ちがいい。／効率のいい家事で、家をきれいに保つこと。寝る前にすべてをきれいに片付け、リセットすることで、朝起きたとき爽快感が得られるから。／掃除機がけ。

苦手な家事は何ですか

毎日のルーティンにしている掃除以外の掃除（窓ふきや換気扇掃除、ベランダ掃除など）。本来はズボラな性格なので、緊急性が高いと思われないことに関しては腰が重たいのです……。／洗濯。洗う、干す、たたむという一連の流れを終えるまで時間がかかる。たたむのが苦手。

家族構成	私、夫、長男（4歳）、次男（0歳）
朝起きる時間と寝る時間	起床6時半、就寝23時半
一日のうちで家事に使う時間	3時間〜4時間くらい

2012年02月27日

洗面所をDIY。

引っ越し後、家のいろんな場所をDIYしているのですが。そのひとつが洗面所の床。もうびっくりするくらいダサイ床で。入居当時はコレでした（写真右）。洗面所に入るたびにテンションが下がる……ということで早速DIY。クッションフロアという、ハサミで簡単に切れるものにしました。色はホワイトに。専用のテープを購入したので、簡単に作業ができ1時間以内で完成しました（写真左）。とにかくあのダサイ床とおさらばできてとってもうれしい私なのでした★

2012年03月06日

素敵な洗面所を目指して。

床を白にDIYして明るくはなった洗面所。でもどうもパッとしません。ある日、「はっ!!」と思いついた私。旧居で使用していたIKEAの本棚です。新居ではしっくりきていなかったので、早速模様替え! ひとりでせっせと動かしました。濃い色が入ったので、少し空間が引き締まった気がします。そして今あるものを使い回せたことが大満足。生活感が出ないようにしつつ、使い勝手もいいように、見せる収納をしてみました。だいぶマシになったんじゃないかな~。マイホームじゃなくても、賃貸でも。素敵な洗面所にしたい!

2013年05月11日

乾物・粉物の保存容器。

保存容器を一新しました。長らく検討していた「OXO・ポップアップコンテナ」を買うことに。蓋の真ん中を押すと開き。片手で作業ができるのが魅力的。分解して、洗うこともできます。相当ズボラなので。洗ったり乾かしたりするのが面倒なのではと、当初ネックで。これによって、密封性が高いのだし。毎日洗うものでもないし、と納得したわけです。念願のOXO。お値段的に、一気には揃えられないので。少しずつ買い足し、粉物・乾物類の容器を統一していきたいです。

2013年07月01日

日々の掃除法。

基本はズボラ~な私。いかに楽に、効率よくこなせるか。そればかり考えてる気がします。掃除は好きでも得意でもありませんが、乱れた部屋では落ち着かず、ゆったり過ごせないので。ストレスなく継続できる掃除を日々心がけるようにしています。洗面所や水周りの掃除は毎日。チャチャチャ~ッと簡単に。掃除機をかけるのが一番好きで、毎日。床掃除は、子どものトイレトレーニングを始めてから、床拭きをするのがクセになり、気付けばほぼ毎日するようになりました。アルカリウォッシュを水で溶いて、無印のスプレーボトルに。テーブル・TVボードや床。どこにでもシュッと。ピカピカきれいになるのが気持ちいい☆

2013年07月21日

椅子と共に歩むダイニング。

我が家にとって中心的存在のダイニング。ここを中心とした空間を作りたいとの思いで、少しずつ揃えていた椅子たち。木の美しさが存分に楽しめる、北欧の家具が大好きです。特に惹かれるのがデンマーク。先日やっと4脚目を追加しました。迷いに迷い、結局「J.L.Moller 78」で統一することにしました。この曲線美と後ろ姿、どれだけ見ても飽きないのです。やっと椅子が揃い、改めてスタートラインに立てた気がします。

2014年03月19日

キッズスペース新計画。

部屋づくりをする上で常に「大人も子どもも快適な空間を」と考えています。飾ることが苦手で、当初は何も置かずガランとしていた和室。息子の遊びやすさを第一に優先して、大人の私も見て楽しめる空間に変化しました。少しずつ変化する子ども部屋。息子が楽しく遊べ、心地よいインテリアが実現できたらと思います。

2014年04月18日

常備菜づくり。

最近はまっている常備菜づくり。息子が幼稚園に行っている間、ゆとりをもって台所に立ち何品か仕上げていく時間が好きです。これさえ用意しておけば、毎食&お弁当が本当に楽チン。仕事をしていた母が、週末に常備菜を仕込んでいた姿を思い出します。この日はかぼちゃの煮物、大根葉っぱの炒め物、なすとエリンギの揚げびたしの3品。お気に入りの野田琺瑯とiwakiのストッカー。少し前に買い揃えたのですが、評判通り本当に使いやすい!

2014年04月28日

冷蔵庫と保存容器。

ようやく冷蔵庫内を整理しました。整っていない一番の原因が「物の住所が決まっていない」ことでした。無印の整理BOXで庫内を区切り、ざっくりと住所を決めました。容器は野田琺瑯とiwakiで統一。色の氾濫を防ぐために容器の色味も統一。長期保存食材は中身がすぐわかるようラベリングしました。

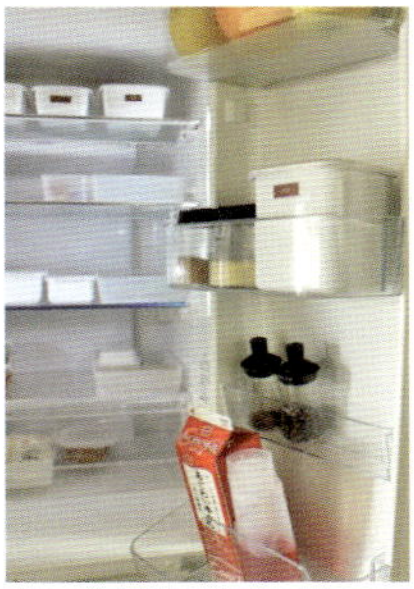

2014年09月26日

癒やしのアイテム。

長男が幼稚園に行っている間。次男も寝てくれたらつかの間の休息タイム。最近は特にディフューザーやキャンドル、素敵な香りのお掃除グッズに癒やされています。

お気に入りのマーチソンヒューム。お掃除が楽しくなるオシャレなオーガニック洗剤。何よりボトルがカッコイイ! キッチンやバスルームタイプがあり、私は家具用を愛用しています。いつでも気軽に掃除できるようTVボードにスタンバイ。インテリアとしても素敵なボトルですよね。テーブルやソファにシュッとすればとってもいい香りがします。ちなみにディフューザーは無印のもの。

2015年01月21日
暮らしを彩る道具。

我が家のブラシたち。左からハンドブラシ、家具用ブラシ、テーブルブラシ。ハンドブラシは、子どものアウターや、主人の会社かばんのほこり取りに使用しています。家具用ブラシはソファや布張り椅子座面の汚れ落としに。ソファなどのファブリック家具は、日常的にはなかなか掃除が難しいので、これは本当に購入して良かったです！ 小ぶりなテーブルブラシは、息子も主人もパンくずの散らかしがヒドイので、サッと気軽にお掃除できるのがうれしい。ふきんと併用しながら毎食後大活躍。

これらの道具たちは「掃除」という腰の重い作業を楽にしてくれるだけでなく、日々の家仕事をする上で暮らしを彩り、心を豊かにしてくれる気がします。

2015年02月02日
家事室計画。

物置部屋と化している洋室を『家事室』にしようと計画中です。玄関から一番近い部屋なので、生活動線を考え、電動自転車の保管兼普段着の収納場所としています。部屋の一角にスタンド式アイロン台を設置し、苦手な家事のひとつであるアイロンがけをスムーズに行えるよう、模様替え進行中です。殺風景にならないよう装飾をしつつ、お気に入りの空間にしていきたいです。息子の誕生日デコで使用した、ハニカムボールを吊るしてみたり。あれこれ理想の形を模索中。

2015年02月04日
朝の習慣。

朝一番に起きて洗濯をし、その間に夕飯を約1時間かけて仕込みます。他の家事をしながら長男を幼稚園へ送り出し、その後主人が出勤。次男のお昼寝までにほとんどの家事を終え、そこからがホッとできる貴重なひとり時間。

今朝はメンチカツを作りました。今はCOOP宅配がメインなので買い物に行く必要もなく、あらかじめ用意してある食材でパパッと調理できて便利です。

週に3、4日は、お気に入りのクリーナーでモップがけします。磨くとピカピカになり、床掃除をするのが楽しくなりました。家と気持ちを整えることから1日はスタートします。

2015年02月21日

家事室を飾る。

家事室の一角を少しだけ飾りました。無印良品の壁につけられる家具。BOXタイプのライトグレーを設置しました。縦・横どちらでも設置可能。棚に合わせてディスプレーしてみました。DESIGN LETTERSのマグとお気に入りのアイロンスプレーと香水。アイロンスタンドのすぐそばなので、スプレーをさっと手に取れて、作業効率まで上がったことがうれしい。

スタンド式台にしてから毎日のアイロンがけが本当に楽になりました。このアイロン台、サイズはかなり大きめですがとってもオススメです。

2015年04月02日

キッチン模様替え。

我が家のキッチンは3・5帖とコンパクトで、作業スペースが少ないのが1番の悩みでした。最近ハンドドリップのコーヒースタイルに変えたことでさらに作業スペースが欲しくなり、天井近い高さだったスチールラックを取っ払うことに。パイン材の板でカウンターを作り、無印の壁に付けられる家具を新たに設置。収納スペースが減ったので、ある程度物も処分しました。この家に越してきて3年目にして「カウンターをつくる」というささやかな夢がかないました。毎朝コーヒーを入れる時間が幸せです。

2015年04月04日

コーヒー道具。

コーヒーが大好きです。仲良しのお友達が大のコーヒー好きで、おいしいお店に連れて行ってくれて以来、家でも本格的に楽しめたらと思うようになりました。いつか道具を揃えるなら絶対にコレと決めていたケメックス。とにかくこのビジュアルが好きです。タカヒロ・ドリップポット0・9L。口が細いのでゆっくりお湯を注げます。凛とたたずむ姿にうっとりします。今年に入ってから家にいる時間が増えたので、こういった日常道具が充実するのは何よりうれしいです。また大切な人をお招きしたときに活躍してくれるのが楽しみ♪

05

アイコさん

AIKO

家事は楽しく、趣味のような感覚。何時間やっても苦になりません。

「生活のメモ」
http://seikatsunomemo.blogspot.jp/

東京都在住。30代。会社員。家事・子育て・節約・買い物・仕事・食事・スポーツ・人付き合い……etc。日々の生活をいっぱい楽しみながら、シンプルに心地よく暮らしたいな、と思っています。

好きな家事は何ですか

料理が好きです。作るのも食べるのも、作ってもらうのも好きです。「身体は食べるものでつくられる」ことを考えて、普段の食事・おやつ・パン・うどん等、手作りを楽しんでいます。

苦手な家事は何ですか

掃除は得意ではありません。だからこそ、余計なものは置かないで、シンプルで掃除のしやすい部屋を目指しています。汚れをためるとやりたくなくなってしまうので、こまめに掃除しておきたいと思っています。すごく気にいった家具や小物などを部屋に置くと、キレイをずっと保ちたいという気持ちになります。

家族構成	私33歳、息子9歳
朝起きる時間と寝る時間	5時起床　21〜24時就寝
一日のうちで家事に使う時間	1時間未満〜数時間。楽しんでやる！　がモットー。

2014年03月16日

リネンのタオル

リネンのタオルを使い始めてから3年たちます。最初はバスタオルとして使っていたのですが、今はいろんなところで使っています。台所、トイレ、洗面所のタオルとして。洗面所のタオルとして1日使ったあとは、バスマットとして。麻は綿に比べて乾くのが早いように思います。落ちにくい汚れは煮洗いすると、とてもきれいに落ちます。最初はもっと色が濃くて硬い生地でしたが、使って洗ってを繰り返すうちに、色が薄くなり柔らかい生地になりました。とても丈夫なので、3年使った今も、まだまだ買い替える必要がありません。これからも、生活の必需品として、大切に使っていきたいと思います。

2014年04月24日

ステンレスの鍋

うちには鍋が4つあって、すべてジオプロダクトのものです。使い始めて6年ほど経ちます。焦がしてしまったこともありますが、洗ったらちゃんときれいになってくれて、使用感もずっと変わりません。くすんできたときは重曹で磨くとピカピカになります。

全面7層構造で熱伝導が良く、無水料理や余熱料理に向いているそうです。平たい両手鍋は、おでんや水炊き、魚を焼くこともできます。私は、使い慣れたこの4つの鍋が大好きです。この先もずっと大切に使おうと思います。

2014年07月01日

キッチンの排水口

キッチンの排水口に、以前は、深型のざる・ゴム製の蓋・ゴミ受けネットの3つを使っていました。しかし、小さなゴミがざるにからまって取れにくいこと、ヌメリやすく不衛生なことが気になっていました。

そこで、浅型のバスケットを購入。細かいパンチングタイプなので、ゴミがからまりにくく、毎日食器洗浄機で洗って乾かすようになったので、いつも清潔です。浅型バスケットはふたつ購入して、「使用」と「洗浄&乾燥」を順番に回しています。

ゴム製の蓋・ゴミ受けネットは必要なくなりました。使わないほうが、シンプルでキレイを保ちやすいと思いました。排水口の中の側面や、その奥のトラップわんもヌメヌメしにくくなり、とても快適です。

2014年07月08日

液体石けんを活用

ミヨシの「無添加衣類のせっけん」は、洗濯用・ボディ用・食器用などラインナップが豊富です。それぞれの特徴や成分の違いを知りたくて、ミヨシ石鹸にメールで問い合わせたところ、お返事をいただくことができました。「（メール後半抜粋）……それぞれの商品を用途外に使用することを推奨することはできませんが、主成分はせっけんだけの商品ですので、ご自分に合った使用量の調節をしていただければひとつの商品で、代替は可能かと思います。実際に、ミヨシ商品をご愛用のお客様の中には、そのような使い方をされている方もいらっしゃいます」

我が家では、洗濯用の液体石けんを、台所の食器&手洗い・掃除用石けんなどにも使用しています。使用量を抑える工夫を考えたり、なるべく人にも地球にも優しい石けんを選びたいな、と思います。

2014年07月25日

アイアンのハンガーラック

太陽がまぶしい夏の朝。いいお天気だからお布団を干したいけれど、夕立が来ることもあるのでベランダの手すりに布団を干したまま出勤することはできません。

だから平日はこのハンガーラックにお布団を室内干しします。冬はコートを掛け、梅雨どきは洗濯物を干し、今日は布団を干すなどフル活用しています。

キャスター付きで移動しやすく、シンプルな作りがお気に入りです。たたんでしまうことはできないけれど見た目も好みなので出しておいても苦になりません。「間に合わせ」ではなくお気に入りがそこにあると、おうちでの生活や家事がぐっと楽しくなります。

2014年09月09日

グリーンのカーテン

夏の間にすくすくと成長した窓越しのヘデラ。今朝、何本かを水挿しにしました。ほっとするやさしい緑。根が出てきたら挿し木をプランターに植えて、ベランダで育てようと思います。

2015年02月06日

ずっと使いたい石けん

愛用している石けんがふたつあります。

ひとつめ…「アレッポ無添加のオリーブ石鹸」。肌にやさしくてお手ごろな価格。うちでは、洗顔、身体用、風呂掃除、シャツの襟汚れに使っています。すごくきれいに落ちます。

ふたつめ…「ミヨシ無添加衣類のせっけん」。洗濯機でお湯洗いすればしっかり汚れが落ち、柔軟剤なしでもふんわり。洗濯、食器洗い、台所掃除、トイレ掃除に使っています。

無添加の石けんは肌にも環境にも優しいので安心して使えます。それに、洗濯用・掃除用・台所用・洗顔用など用途別に全部買い揃える必要はないと思っていて、固形せっけんと液体石けんひとつずつあれば十分です。

2015年03月09日

居心地のいいベランダ

オリーブの木の植え替えをしました。買ってから数ヶ月間、ずっと買ったときのビニール鉢のままだったけれど、ようやく好みの鉢を見つけたので新しいテラコッタ鉢に植え替えました。

いろんな植物といろんなお気に入りの鉢やプランターに植えた愛らしい植物たち。生き生きと育ってほしいな。

最近少しだけ色づいた、ラベンダーの小さなつぼみ。かわいい花が咲いてくれるかな。大好きなものだけを集めたこのベランダは、そこにいるだけで楽しくてうれしくて、やわらかい香りとやさしい緑色にいつも心が癒やされます。

2015年03月19日

今日の朝ご飯と作り置きおかず

今日の朝ご飯。アサリご飯のおにぎり、切り干し大根のぬか漬け、春カブのおみそ汁、ひじきと大豆の煮物、春キャベツのだし酢、黒豆の甘煮、はっさく。

料理は、朝が一番はかどります。夜は少しだけ下準備をしました。週末にまとめて常備菜を作り置きしていた時期もありましたが、今は朝ご飯を作るついでに日持ちするおかずを多めに作って作り置きしています。今日はひじきと大豆の煮物を多めに作ったので、3分の1は冷凍し、残りは冷蔵庫に保存。明日はひじきのまぜご飯かひじきオムレツを作ろうと思います。

2015年04月04日

子ども服を買うときのマイルール

衣類の数はスマホで管理していて、小学生の息子の普段着は1年を通してこれだけです。

買うときに気をつけていることは、「①1〜2年でサイズアウトするので買いすぎない　②どの組み合わせでも合うように　③肌触りがよく洗濯しやすい素材　④息子が好きな色や柄」です。子どもが小さい頃はかわいい服を見るたびについつい買ってしまい、まだまだキレイな状態でサイズアウトしていました。今は無駄のないよう考えて買い物するようになりました。

2015年04月27日

月に一度お風呂の大掃除

昨日はお風呂の大掃除をしました。普段隠れている部分に湿気がたまりやすく汚れがちなので、はずせるところを全部はずして、汚れを落としました。

掃除が終わったあとは、すぐに戻すのではなく、はずしたものを並べて干し、乾燥させます。このとき浴室のドアは開けっ放しにしています。とても良い天気で日中は家中の窓を開けていたので、浴室の中までカラカラに乾きました。

カラッとした浴室はとても気持ちが良いです。毎日使うお風呂の清潔を保つために、月に一度、こうやってお風呂の大掃除をしたいなと思っています。

06
Yukoさん
Yuko

好きな道具を揃えてモチベーションを上げられるように。

「キラキラのある日々」
http://twinkle721.exblog.jp/

静岡在住。30代。仕事をしながらの主婦業。もともと家事は嫌いではないものの、これから永遠に続くかと思うと、苦手意識が先だってしまっていました。夫に助けられながらも毎日なんとかやり遂げていますが、もっと家族のために楽しく家事ができるような工夫をしようと、自分の好きな道具を揃えたり、空間づくりにも努力しながら、モチベーションを上げるために、日々工夫しています。

好きな家事は何ですか
お掃除。好きな道具を使って、少しずつおうちがキレイになっていく時間は、楽しいです。キレイになったおうちで、好きなことをするのが楽しみと言ってもよいかもしれません。

苦手な家事は何ですか
お料理。メニューのレパートリーも少なく、料理は得意ではありません。好き嫌いのある夫と息子のために、それぞれにおいしいと言ってもらえる日々のメニューを考えること自体、いまだにうまくこなせていません……。でも、なんとか改善できればという思いもあり、月一で近くの料理教室に通っています。

家族構成	夫（40代）と、中学3年生の息子と3人家族。
朝起きる時間と寝る時間	6時前起床（週末は息子の部活で5時）。就寝は23時〜24時
一日のうちで家事に使う時間	3時間半くらい

2014年07月03日
篠竹の碗かご

アンティークの食器棚の上にある、篠竹（しのだけ）の碗かご。この碗かごには、毎日使うお茶碗やお椀、湯のみなどを入れておくことに。ご飯の準備のときにはかごごとテーブルに運んで並べるだけ。
食器を洗ったあと、入れておけば自然に乾いてくれるので、拭くのが少しくらいテキトウでも大丈夫。日本の手仕事の中でも竹を編んだものは本当に美しい。篠竹のかごが側にある。ただそれだけで食事の準備も片付けも楽しくできる気がします。

2014年07月05日

裁縫道具用の竹かご

お裁縫はヘタだけど、けっこう好き。「縫うことが楽しくなるような、かわいい裁縫セットにしたいな」と思って、まず目をつけたのが、ピンクッション。作家togatanさんのつくる羊毛の手紡ぎ、手織りの織物で作られています。そして、スズ竹の小文庫に中身を入れ替えたら、一段と素敵な裁縫セットになりました。四つ目かごには加工を待つ布さんたち。のれんやピローケースなど、作りたいものがたくさんあります。

これらを購入したのは、わたしのお気に入りオンラインショップ「talvikki」さんと「mamatubu」さん。どちらも手仕事道具中心の商品と、店主さんの温かい心遣いに癒しまでいただける、素敵なお店です。

2014年07月19日

はりみと竹ほうき

先日購入した「白木屋伝兵衛」の篠柄（しのえ）ほうき。本当は棕櫚（しゅろ）のほうきが欲しいけど、あまり広くない家の中、どこまでほうきを使えるかもわからないので、とりあえず35㎝ほどのこのほうきでお試しから。そして先日購入した、同じ白木屋伝兵衛さんのはりみ。今日は少しゆっくりお掃除できたので、階段掃除に早速使ってみました。

ぬらしてちぎった新聞紙をまいて、上の段から掃き掃き……はりみのちりとりでゴミを拾って。これまで階段は、重い掃除機を手で持ち運びながらのお掃除だったけど、これからは楽に掃除ができそうです。

2014年07月22日
米とぎ用の竹ざる

昨日は、常備菜をたくさん作ったりして、〝新米〟主婦仕事を頑張りました（昨年夏に結婚したばかりです。息子は夫の連れ子です）。

愛用の、米とぎ用竹ざる。奈良の「くるみの木」の姉妹店「秋篠の森」で見つけてきました。お米は、泡立て器のような、竹の米とぎ棒で優しく洗います。お米を洗ったら水切りして、少し水を含ませてから炊きます。使い終わったら軽く水で流して、ふきんで水気を拭き取ってから、乾かしておきます。干されているざるのあるお台所。この光景も、好きなんです。

2014年08月27日
竹ざる

竹かごや竹ざるがわたしは大好きです。その中でも、「手付き楕円ざる」は使いやすくてお気に入り。ざるの両サイドに持ち手が付いていて、楕円の形をしてます。持ちやすいのはもちろん、乾かすときにフックに掛けられるし、洗うときは、持ち手サイドに縁がないので、網目の間に細かいものが残ってしまったときにも洗い流しやすいのです。

わたしは3サイズを持っています。スズ竹の手ざわりがとてもよくて、このざるを使っているだけでお料理が楽しくなってしまいます。ゆでた野菜の水切りに使ったり、パンをのせて食卓に出したり、サラダの下ごしらえに使ったり干し野菜づくりに使ったり、毎日大活躍です。

2014年08月31日

竹のトング

京都「テノナル工藝百職」さんで購入した竹のトング。あまり大きいものや重いものは、つかむ力が弱くて取りにくいのですが、先のほうの内側に、少しみぞが入っていて、ある程度のものはちゃんとつかめるようになっています。もともと気になっていたこともあって、なんとなく買ってしまったものですが、とても使いやすい！　焼き網で野菜やパンをひっくり返したり、菜箸やわたしの手の代わりに軽快に働いてくれます。あまり油っこい料理には使わないようにしていますが、普通のトングと違って形もシンプルなので洗いやすく乾かしやすいのも便利です。

2014年09月17日

マタタビのすいのう

以前、形に一目ぼれして、国立の「黄色い鳥器店」さんで購入したマタタビの「すいのう」。野菜や麺をゆでた後に取り出したり、水切りするのに使うものだということですが、使う場面がうまく想像できなくて、眠らせていました。

それがほんの数日前、みょうがをゆでたときに思わず、さっと取り出したのがこのすいのうでした。こういう湯切りには網目の細かい竹ざるよりも、このすいのうが向いていることを発見……って、もともとそういう目的で作られているのに(笑)。

これからは確実に使用頻度が高くなること間違いなし。お台所の見せる収納に仲間入りです。

▼2014年10月23日

朝のお台所。

わたしの朝のお台所は、前日の片付け後の復旧から始まります。夕食後の洗い物はすぐにしまわずに、完全に乾くまで干しておきます。寝る前にも片付けますが、朝まで置いておくものも。そうすると朝はこんな感じに（写真上）。無印良品のブレないフックやピンチ付きフックが大活躍です。

ひとつずつ片付けて……（写真下）。便利さを優先させているので、復旧後もバラバラ感は隠せないけど、これがいつものわたしのお台所。

「よし！ 今日も頑張るぞ！」と一日が始まります。少しずつですが……。わたしのお台所のかたちができてきています。

▼2014年11月11日

ひのきのわっぱせいろ

今年の夏、奈良の「くるみの木」で思い切って購入した「足立茂久商店」さんのひのきのわっぱせいろです。おひつ代わりに、あまったご飯を入れておいたら、冷やご飯としてそのままでもすごくおいしいのです。そしてそのまま電子レンジに入れられるというのが何よりの特徴。でもわたしは、必ず鍋で蒸すようにしています。もっちもちの炊きたてのようになります。

せいろをのせた銅鍋も、同じく「くるみの木」で購入したもの。

最近は、蒸し野菜もよく食べるようになってきました。夫も、息子も「野菜が甘いね〜♪」って喜んでくれるので、この冬は大活躍しそうです☆ 肉まんも蒸せるしね。

2014年11月13日

野菜のヘタは

野菜のヘタの、エコなとり方。まずはにんじん。ヘタの部分を切り取って一本一本をラップに包んで野菜室に入れておくと、長持ちすると聞いたことがあります。買ってきたら、最初にヘタを取るのですが、そのときに、ヘタの周りも丁寧に切り取って余すところなく使うようにしています。

そしてなすび。まずヘタのヒラヒラを切り取ります。そして、残った頭の部分を斜めに削るようにむきとります。このヘタの内側の部分が一番おいしいところらしいです。そう聞くと、ちゃんと使ってあげたいですよね。

2014年12月12日

竹のみそこし

わたしのお気に入りの日本の手仕事道具のひとつ。竹のみそこし。みそこしとしてでなく、ゆでたものをすくったり、ゆでこぼしたりするときに使っています。日常的に使うのが、おだしをとるとき。さらしを掛けて使います。

昆布とかつおのおだし。ちょっと面倒くさいと思うこともあるけれど、夫がこれで作るおみそ汁が、一番おいしいと毎朝のように言ってくれるので、頑張って丁寧にだしをとっています。

まだまだ青さの残る竹ですが、この子も大事に育てていけたらなと思ってます。

2015年01月07日
旬の食べ物

さつまいもを洗って蒸して、蒸しあがったら、皮をむいて薄く切り……干す。干し芋です。ここ数年、ずっと食べたかったんです。昔は、毎年冬に母が買って来てくれて、家族で取り合いながら食べてた干し芋。意外に簡単に、うまくできました。

昨年結婚してから、わたしは、家事の中でも料理が苦手だということに気付きました。主婦になるまでは、料理は得意じゃないけど嫌いではなかったし、頑張れば腕も上げられると信じてました。でも、毎日の夕食の献立を考えてたら、何度もくじけそうに……。お掃除とか、整理整頓は好きなんですがね。まあ、家事全般が苦手じゃなくてよかったです。今年も月一回の料理教室には通い続けてなんとか料理を好きになれるように頑張りたいと思います。

2015年02月22日
休日のご飯♪

最近の週末は、おうちカフェにはまってます。お皿やカトラリーを選んだり、盛り付けを考えたり、敷物に合わせて撮影したり。食べる頃にはちょっと冷めてたりするけど(笑)。かなり楽しんでいます♪

今日のお昼ご飯。おかずも、時間もなく、おにぎりを握っただけ。いつかどこかの本で見たようにお茶碗に盛ったお米をひっくり返して、おかずをのせて手でにぎにぎと。いつもラップで握ったおにぎりですが、今日は素手で優しく。息子は梅干しもつくだ煮も嫌いなので、ただの塩にぎりでしたが。「おいしい!おいしい!」って、何度も言いながら、食べてくれました。

2015年02月27日

お台所に、新入りのお道具♪

ずっと欲しかったお台所道具がやっと手元に届きました。「東屋」さんの、桐の米びつです。結婚した当初から欲しかったのですが、一度にあれもこれもは無理なので、これまでは夫が持っていたプラスチックの米びつで過ごしてきました。最近になって、もういいかな、と、意を決して購入！　包みを開けた瞬間から、桐のとぉ〜ってもいい香り。

お米を入れるときは、蓋ごととりはずせるのでざざぁ〜と気持ちよく入ります♪　なんだかこれだけの光景なのに、夢のよう。

これからの新しい米びつさんとの暮らしを考えると、うれしくてニンマリしちゃうわたしです。

2015年03月02日

ここ数日の家仕事。

8日間連続出勤は、さすがにこたえますね……。さすがのわたしも「疲れ」をひどく感じました。それでも、家事は楽しくやりたい♪

なんだかスッキリしたくて、久しぶりにフローリングの雑巾がけからスタート。ほうろうのボウルをバケツ代わりにして、マーチソン・ヒュームとオレンジのアロマをたらし、雑巾をキュッと絞って癒やされながら、ごしごしと♪　疲れているからこそ、気持ちをスッキリさせるためのお掃除や丁寧な家仕事。

よく頑張った！って、自分を褒めてあげたい一週間でした。

07

chasさん

chas

家事・育児は尊く、楽しい。台所仕事が大好きです。

➡「おいしい台所」
http://oishiidaidokoro.blog.fc2.com/

横浜市在住。小学生の女の子と男の子のふたりの子どもを持つ、働くお母さん。フルタイムで働きながら「家事・育児がいかに尊く楽しいものか」を、ブログを通じ発信しています。台所仕事が大好きで、繰り返す失敗とちょっとの成功に一喜一憂しながら、今日も台所に居ます。

▶ 好きな家事は何ですか

台所仕事が好きです。台所を整え、道具を丁寧に使い、食材を有効に使い、家族のためのご飯を作る。子育てを通じ、人は食べ物で作られるということを実感しています。食べることを大切にすると、自分を大切にする心が育つと信じています。

▶ 苦手な家事は何ですか

お風呂掃除。掃除そのものは嫌いじゃないのですが、しつこいカビとの戦いに疲弊することもしばしばです……。

家族構成	夫・娘・息子
朝起きる時間と寝る時間	5：45起床　23：30〜0：00頃就寝
一日のうちで家事に使う時間	平日は、2.5時間くらい、休日は、5〜7時間くらい

▼ 2014年06月06日

和太布（わたふ）ふきん

どこかに乾きが早く、吸水がよく、カビない布はないものか。ありました。コレです！

朝光テープ「和太布（わたふ）」。ガラ紡と呼ばれる日本独自の紡績方法で織られた木綿の布。以前雑誌で見かけて気になっていたのですが、早速5枚購入して使ってみたら、これがいいんです！！麻よりしっかりと、厚めにできた布。なのに一枚でたくさんのお皿が拭き取れてしまうし、何より乾くのが早い！そして私は使い始めてから一年以上たっていますが、カビはひとつもありません。真っ白で、清潔。ふきんひとつで、台所仕事が快適になりますよ。

2014年07月17日

干しぶどうを作る

デラウエアをたくさんもらいまして。以前本で見た干しぶどうの作り方を思い出したのです。ぶどうの枝を切って麻ひもでしばり、霧吹きで全体にホワイトリカーを吹きかけ、ベランダにつるす。2週間も待てばできあがりー。のはず……だったんだけど。2週間たっても全然水分が抜けない。仕方なく毎朝、洗濯物を干すときに一緒にデラウエアを干し、取り込むときに一緒にデラウエアを取り込むことの繰り返し。「なんでまいにちぶどう干すの?」と子どもに言われながら、1ヶ月。ようやくできた――。カラカラではなく、半生。味はぎゅっと凝縮されて甘く、でもぶどうの酸っぱさも残っていておいしかったです。いや、しかし長かった(笑)。

2014年07月23日

アルフィの魔法瓶

共働きのお家に、電気ポットってあまり見ない気がします。でも欲しくなっちゃったんですよね。いつでも熱いお茶が飲めるポットが。

「アルフィ社 ジュエルクローム」アルフィ社はポットのトップメーカーとして世界中に愛されるドイツのメーカー。保温性とデザイン重視で買いましたが期待に違わず本当にいいポットでした。まず、デザイン。スッキリとシンプルで、無駄がない。そして保温性もバッチリでした。朝入れたお茶が、翌日夕方まで温かい。あー疲れたな、ちょっとお茶飲みたいなってときに、湯飲みを出せばお茶が飲めるのは、楽ちんで、素敵です♪

2014年07月29日

ドライトマトを作ってみよう

夏の強い日差しを利用して、プチトマトをドライトマトにしてみました。

①プチトマトのヘタを取り、洗って半分に切ります。②切った面を上にして、ざるに並べます。③塩を軽くふります。④上からふわっとネットをかぶせます(虫よけのため)。⑤日の当たる場所で2日ほど干したらできあがり。

すっごい簡単です。なのにおいしいんですよ。先日お友達と家で飲んだのですが、このドライトマトをモッツァレラチーズと一緒に出しました。オリーブオイルをかけて食べたら、ワインに合うこと合うこと! トマトの甘みがぎゅぎゅっと凝縮されて、生のトマトとはまた違った食感と味わいがありました。

2014年08月16日

釜浅さんの鉄打ち出しフライパン

鉄のフライパンって憧れるけど、手入れが大変そうだなと思っていました。それが、先日、浅草・合羽橋の「釜浅」さんでこのフライパンに出会い、吸い寄せられるように購入してしまったのです。そして使い始めて2ヶ月。

いや、難しいです、正直（笑）。熱伝導が素晴らしくいいので、温まる前に油を入れちゃうと、炒めたものがこびりついたり。手入れだって、たわしで洗ったあとにきちんと乾かし、油を塗っておかなくちゃいけなかったり。でもね。何かかわいいんです。それにやっぱり、これで焼いたものはおいしい気がします。

これからも、武骨なコイツを大事に育てて、おばあちゃんになったときには、「このフライパンじゃなくっちゃ、あたしゃダメなんだ」って言いながら、孫たちにおいしいおいしいホットケーキを焼いてあげたいな。

2014年08月27日

気持ちよくって優しいたわし

鉄打ち出しフライパンのお手入れには、天然の棕櫚（しゅろ）を使ったたわしを使います。鉄というのは、使い込んでいくうちに油が鍋肌になじんでどんどん使いやすくなるそうで、洗剤は厳禁だそう。でも、洗剤なしでは、汚れが残るのでは？と思っていました。

でもこのたわしを使って、ぬるま湯で何度かこすっていると、汚れがすっきりと落ちるんですよ！　すごく細かくて柔軟性のある繊維が、汚れをかき出すんです。ぬるま湯のみで汚れをこんなに気持ちよく落とせるということに爽快感すら覚えます。

「お肉を切った後のまな板」にも大活躍。「お水」を使い（お湯だとタンパク質が固まって落ちにくくなります）、たわしでこするだけ。まな板がすべすべになります！

▼ 2014年09月08日

見つけてしまった……ベストオブ台拭き

台拭きはホームセンターに売っている白の「蚊帳ふきん」を使っていました。拭きやすいんですが、乾きが悪いのが難点でした。

ふきん探しの日々の中で見つけたのが、こちらの「ビストロ先生やわらか水吸いふきん」です。右がビストロ先生、左が和太布。生地の感じがソックリでしょう？ それもそのはず、紡績の際、和太布と同じように糸の撚りの回数を抑えて、ゆとりをもって柔らかく仕上げられているのです。だから吸水性も抜群で、通気性もいいからすぐ乾く。そして少し汚れても水でもめばすぐに落ちるんです。和太布よりちょっと固めで、テーブルを拭くときにも安心感があります。

ふきんの代表「びわこ（和太布）ふきん」にはさすがにかないませんが、台拭き部門では堂々1位です。ええ、独断です（笑）。

▼ 2014年09月16日

鉄瓶と「冷え」と「お湯」のお話

私は昔からものすご――い冷え性なのですが、この「朝の白湯かお茶」、それも、愛しの「鉄瓶ちゃん」で沸かしたものを飲むようになって、だいぶ改善しました。

朝起きると、真っ先に鉄瓶でお湯を沸かします。沸いたらすぐには火を止めず、少し弱めて1～2分。火を止めたあとは、お湯だけをそのまま飲んだり、ひとつまみの粗塩を入れて飲んだり、お茶（はとむぎ・ほうじ・時にはしょうが）にして飲みます。こうやってカップ一杯を毎日欠かさず飲むんです。

鉄瓶で沸かしたお湯には、鉄分が溶け出しています。鉄瓶を使うことは、冷え取りにもつながっているんです。

このぽってりとしたおしりのような丸い鉄瓶。今では私の冷え取りの相棒です。

2014年10月08日

胸に染みた「ごちそうさま」と空っぽのお弁当箱

遠足から帰ってきた一年生の息子が、もぞもぞと、お弁当箱を出してきました。見ると、メモが貼られています。

「ごちそうさま」。

ものすごくうれしかったんです。でも、その後息子の口から「連絡帳、忘れた」と聞いて、そのメモの存在が私の中で吹き飛んでしまいました。口をついて出たのは、怒りの言葉……。子どもたちがお風呂に入っているとき、心を落ち着けて反省。お風呂から出た息子を抱っこして、話をたくさん聞きました。

「ごちそうさま」って、温かい言葉です。主婦にとって母にとって、こんなにうれしい手紙は他にない。忘れ物が多いことなんかより、温かい言葉を持っている。そのことのほうがよっぽど大事。息子よ、ありがとね。母ちゃんも、頑張るね。

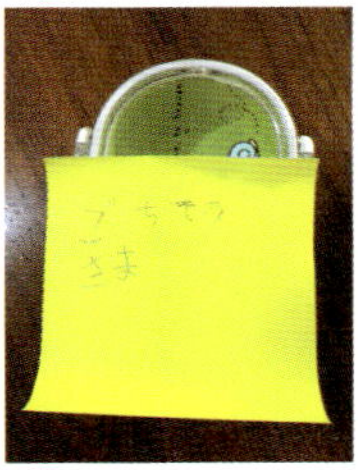

2014年10月16日

いつの間にかたまっちゃう献立リスト

献立って「考える」のが面倒ですよね。

そこで私が始めたのが、「献立メール」です。昼休みなんかに考えた献立と買い物リストを、会社のアドレスから自分の携帯にメールするだけ。メールがたまると立派な献立リストになります。メールには、献立とあわせて材料をメモしておきます。家にあるものは（有）としておけば、携帯を見ながら買い物もパパパッと済ませられます。

着信したメールは、「献立」フォルダに入れておく。すると日々残っていくので、件名の日付で検索すれば、献立に困った時も、考えるヒントになるのです。私は件名を日付にしているのですが、メインのおかず名を件名にすれば、後で探すのも簡単かもしれません。

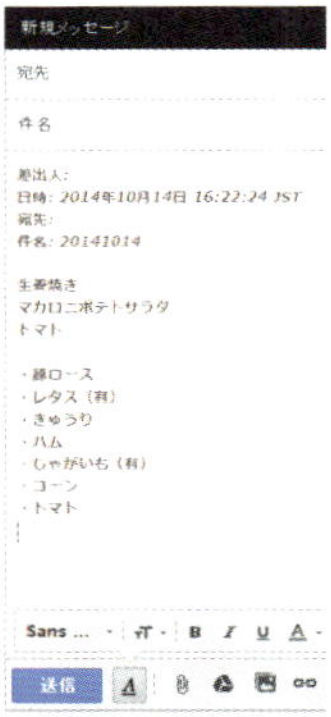

2014年12月24日

レシピの保管はコレでいこう。

料理本や雑誌で見たレシピの保管。私はこの方法にたどりつきました。

「切る」。……はい、切ります、ばりばり（笑）。雑誌だろうが、本だろうが、どんどん切って無印良品のハガキホルダーに入れていきます。そして、雑誌や本は潔く捨てます。ひとつのケースに1レシピが収まればそのまま入れ、収まらないときには写真を上に、レシピを下に入れます。この方法で3冊のレシピ本を作りました。1冊目「メインのおかず」。2冊目「メインのご飯もの」。3冊目「サブのおかず」。使っていくうちに覚えたレシピや、全然作らないレシピは捨てていきます。そしてまた、新しいレシピが加わる。私にはこれで十分。活用できてます。

2015年01月15日

ないなら作ってしまえのバター

バター、相変わらず品薄は続いていますね。そんなある日、賞味期限の迫った生クリームが冷蔵庫にあるのを見て、思い出しました。

そうだ、確か生クリームでバターが作れるはず！ ……無心に振り続けること15分。できる量としては、200ミリリットルで100グラムちょっとくらいかな……。市販のバターよりずっとおいしいんですよ。ミルクの香りたっぷり。そのままぺろっと食べてしまいたい。出来立てを3つにわけて、ハーブソルト、はっさくピール、レーズンを細かく切って混ぜました。

2015年03月29日

無印のジャムスプーン

無印良品のジャムスプーン。なんとなく買ったのですが、使うほどに、よさを実感しています！ 柄が長ーいので、深い入れ物でも手を汚さずにすくい取ることができるし、シリコン製で柔らかくしなるので、瓶の底に残ったジャムもきれいに取れます。底が平べったいので、そのまま塗れるし、耐熱で、汚れたら食洗機もOK。わずかに残った470ミリリットルのレディーボーデンを、隅々まで集めて食べたりもしちゃいます（笑）。

夫はまだこの使いやすさを知らないので、（このかわいいスプーン、夫のつくだ煮用に取られたりしませんように）と思いつつ「ねぇねぇ、これ使いやすいんだよ！」と教えてあげたくもあり、複雑な私（笑）。

2015年04月14日

ビバ給食！と、娘からの一言

給食が始まるまで、毎日お弁当を持って学童へ行っていた子どもたち。朝からふたり分（自分含めて3人分）のお弁当を作るのはやっぱり大変で。夕飯の献立を決めるのでさえ苦労するのに、そこにお弁当ときたらもう。給食の素晴らしさを実感していた母なのです。

ところが先日、ようやく明日から給食という日に、娘がぽそっと言いました。「私、お弁当がいいな。ずっとお弁当だったらいいのにな」と……。

すっごくうれしかったです。

毎日お弁当作りなんてできるかしらと、中学校からのお弁当生活を憂えていましたが（私の住むところの公立中学は、給食がありません）、ちょっと頑張れそうな気がしてきました。

08

linenさん

linen

いつでも人を呼べるように。見た目よく暮らしやすい家に。

「Linen Style...」
http://linenmore.exblog.jp/

シンプルライフを理想とするアラフィフです。25年間の公務員生活の後、整理収納アドバイザーに転身。長い共働き期間中に培った家事を楽にする整理収納術や、収納名人でなくてもスッキリと暮らせるコツをお伝えするため、東京都内の自宅で整理収納レッスンを開催中。

好きな家事は何ですか

整理整頓と収納。子どもの頃から暇があると身の周りのモノの整理整頓や収納を考えていました。家事を楽にするのも、美しい部屋にするのも、整理と収納の工夫次第だと思います。

苦手な家事は何ですか

掃除。面倒くさがりの性格ですが、掃除が一番面倒くさいと感じます。

家族構成	夫とふたり暮らし
朝起きる時間と寝る時間	6時半起床、10時頃就寝
一日のうちで家事に使う時間	2時間くらい

2014年03月26日

大掃除、スタート！

だいぶ暖かくなってきたので、大掃除をスタートさせました。就職と同時にひとり暮らしを始め、そのときから大掃除は1年かけて少しずつ進めるようにしています。

さて、スタートはキッチンにしました。コンロ側のワークトップと壁の汚れ落としです。こびりついた油汚れなどは、メラミンスポンジでこすると、簡単に落ちるのでラク～。今回はそれだけ。1回に30分から1時間程度で終わる範囲を目安にしています。サッと終わると思うと、あまり億劫にならずにできます。どかしたものを戻して終了。サッパリしました。

▼2014年07月22日

「我が家のレシピ」の作り方。

ひとり暮らしを始めた頃、分厚いレシピ本を買いました。しばらくして、「全部のページは作らない」ってことに気付きました。作るメニューって決まっているものですね。そこで、作るメニューのページだけ切り抜いて、自分のレシピ集としてファイルにしました。それが今までずっと続いています。

これを季節の食材別に並べると、献立を考えるときに時間もかからず、とっても便利。いまは夏なので、夏の食材あたりのページだけ見ればいいのです。作らなくなったレシピは外して、新たにメニューに加わったレシピがあればつづります。献立を考えやすいように、3つのカテゴリーに分けています。すべて我が家でよくつくるメニューなので、余計なページを探す手間もなく、厚いレシピ本も置かずに済みます。

▼2014年09月22日

収納用品をできるだけ買わずに。

面倒くさがりで、ウインドウショッピングさえしない私……。100均ショップとかホームセンターとか、こまめにのぞく、というのもしないです（整理収納アドバイザーとしてはどうかと思いますが…）。だから、収納用品も手近にあるものを使っています。

たとえばキッチンで使うようじや輪ゴム。プリンの空きカップと使っていない湯飲み茶碗に入れています。大きさがちょうどいい♪

ラップをオシャレなホルダーに移し替えるとか、引き出しの中をきれいに仕切るとかも、しません。出し入れしやすければ、いいと思っています。

▼2014年11月16日

キッチン収納をマイナーチェンジ。

何度となく収納を見直している、キッチンの棚。

アイアンのかごに、開封した食品や根菜などを入れていましたが、出し入れがしやすくないので、変えてみることに。

無印のアカシアプレートを使って、右側にグラノーラや開けたはちみつなどを。左側は根菜を。隣に毎朝使うお椀と、フルーツ用のプレートも置きました。

かごは、とりあえずクロスや食洗器用洗剤入れにしました。でも、やっぱりかごの中から出すのがちょっと面倒なので、また見直すかもしれません。

2014年12月01日

フードプロセッサー選びは十年越し！

ずーっとずーっと探し続けていたフードプロセッサー。もうそれは10年越し。

ついに買いました！ 山本電気MM22です。なぜ、こんなに買うまでかかったかというと、条件にぴったりのものが見つけられなくて。

フードプロの機能とミキサーの機能両方欲しかったり、大きさの問題があったり。私のしたい作業は、みじん切り、大根おろしなどのすりおろし、ポタージュづくり、ジュースづくり。液体や、固いものはダメというものも多かったので、ヤッターと思いました。コーヒー豆や氷もOKだそうですよ。付属品が少ないのもよかった。そして、けっこう重要なのが、大きさとデザイン。しまい込むと使わなくなりそうなので、出しっぱなしにしています。

2014年12月15日

いつでも人を呼べる家。

モノの整理や片付けをする前に、何か目標とかテーマを決めたほうがいいですよ、とお勧めしています。「お菓子づくりにすぐとりかかれるように」「床にゴロンと寝っ転がれるように」とか、なんでもいいんです。目標やテーマがあると、作業の途中で迷うことが少なくなります。我が家のテーマは、「家事が楽できる」「スッキリ見える」です。テーマがあると、インテリア誌などで素敵なお宅を見て、いいなーと思っても、テーマから逸れていたら取り入れない、という判断もしやすいです。

最近は、これに「いつでも人を呼べる」が加わりました。そうなると、いままで実用一辺倒だった収納用品なども、見た目にこだわったり、リラックスできる空間にしようと、気を付けるようになりました。

2014年12月19日

冷蔵庫の横にあるのは……。

冷蔵庫の横にぶら下げているもの……。レシピファイル立てにつかっている、ディッシュスタンド。ウチのレシピファイルの大きさにちょうどよかったもので。

レシピファイルは、A5サイズなのでとってもコンパクト。棚に置くと、見やすい高さです。同時にふたつのレシピを見るときは、ファイルから外して、冷蔵庫にマグネットで貼ることもありますよ。作業中のキッチンは、どうしてもゴチャゴチャしちゃうので、レシピ置き場がちょこっとあるだけで、便利です。

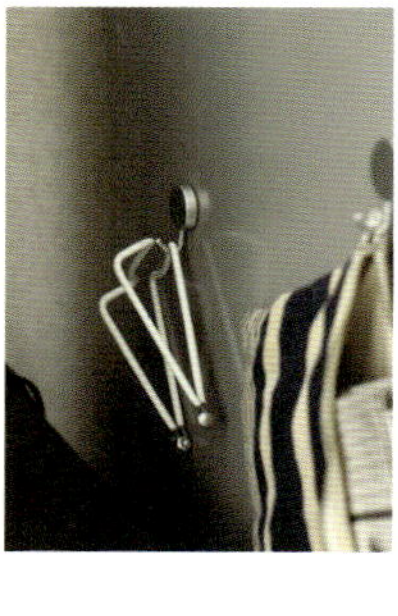

▼2015年01月16日

キッチン家電もシンプルに。

オーブン電子レンジを思い切って買い替えることに。単機能電子レンジとトースターです。ツインバード工業のもの。単機能レンジだと価格が安く、軽くて小さめです。コンビニにあるような、単純なつくり。もっぱらあたためと解凍ばかりなので、これで十分です。

トースターはサイズ重視で探しました。前後に食パンが2枚置けます。もともと多機能の電気製品って苦手で使いこなせないし、直観的に操作できるのが好き～。

キッチン家電がずいぶん増えちゃったけど、家事ストレスは減った気がします。そして、ツインバードのデザインはなかなかいいなー。

▼2015年01月25日

簡単、チープに解決

フードプロセッサーはよく使うけれど、コンセントを入れっぱなしにはできないので、その都度、コードをまとめなきゃいけない。もともとついている結束バンドでもいいけれど、それさえ面倒くさくて。で、この方法でまとめることにしました。使っているのはトイレットペーパーの芯！ マスキングテープを巻いて、すぐそれとわからないようにして。この方法、実ははるか昔、独身時代に考えたもの（笑）。チープなアイデアなので、お勧めできないけれど、実はコードまとめには楽々な方法なのです……。

▼2015年02月05日

引き出し収納は〝前後〟を意識。

実践されている方は多いと思いますが、引き出しに収納するときは、前後を意識するといいですよ。面倒くさがりの私は、引き出しをフルにオープンするのがおっくう。なので、手前によく使うモノを入れています。クローゼットの引き出しのように、大きいものは特に、奥まで引き出すのが面倒です。手前にシーズンのもの、奥にオフシーズンのものと、分けて入れています。クローゼットの前のスペースが狭くて、引き出しをフルオープンにしにくいような場合でも、これなら半分引き出せればOKですよね。奥の服を着なくなる、ってこともなくなります。

▼2015年03月01日

今年の大掃除、スタート。

今年の大掃除、少し早めですがスタートさせました。冷蔵庫掃除を一番始めにやることにしています。この時期なら、中のものを出しても大丈夫ですからね。週末は中身がガランとしていて、掃除もしやすいんです。冷凍室も空っぽです。

今回初めて試したのは、アルカリ電解水です。汚れが意外なほど落ちるのと、仕上げ拭きが不要なのが助かります。手近に置いて、あちこちの掃除で活躍中。もっと早く使っていればよかった〜。

▼2015年03月17日

毎日だからベストポジション。

ダイエットを続けているので、この頃のランチはグラノーラをちょこっと、になっています。なので、大容量のお得パックを購入して……。毎日のことだから、出し入れしやすい場所に。キッチンで一番取りやすいここの棚です。

この棚にあるものは、毎日とにかく出したり置いたりするもの。暮らしぶりによって変化しています。グラノーラは、残量がわかるようにweckのジャーに入れました。白いほうろうなども好きですが、それよりも中身が見えないと私はダメで。憧れとか好きよりも、日々の使い勝手を優先。なおかつカッコよく決まれば、言うことないんですけどね。

▼2015年03月18日

パッケージは隠しちゃえ。

カラフルな洗剤のパッケージ。目につくとうるさいので、シンプルなボトルに移し替えている方もいらっしゃるでしょう。

でも私は……。そこまではしません。でも、これじゃいくらなんでも、ってことで隠しています。このバケツは、浴室で服を手洗いするときに使っています。だけど、しょっちゅう使わないので、普段は〝収納〟代わりに。

この状態だと、パッケージは隠れるし、逆にカラフルなおかげで、ちょこっと見える「頭」の部分だけでどの洗剤か区別もつく。液だれの掃除も楽です♪

▼2015年04月02日

使わなくなったバッグを収納に。

勤めていたときは、小さいバッグに貴重品だけ入れて、ランチへ……が定番でした。いまはもうそのバッグは使うことがなくて。そこでお得意の（?）、収納用品を買わずに収納シリーズ。自立するキャンバス地のバッグなので、口だけ折りたたんでハンカチ入れに。このままクローゼットにポンと置きます。

もうひとつは、化粧ポーチや携帯用サブバッグ入れ。こちらは、棚に入れて引き出し代わりにしています。

こういう素材のバッグなら、立派に収納用品になりますね。眠らせているものを、どんどん使っちゃおう。

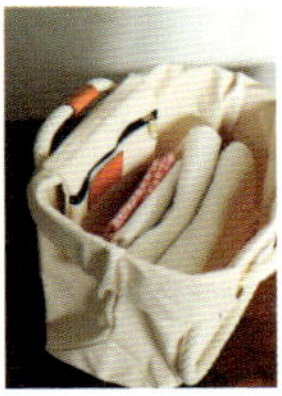

▼2015年04月05日

腕時計をつけ忘れない置き場所。

最近、ちょこっと出掛けるくらいでは、アクセサリーも腕時計もしないことが増えています。毎日通勤していたときに比べてだいぶ手抜きな感じに……。でも、腕時計はおしゃれのうち。忘れないような置き場所に変えました。

ベッド脇で身支度を調えるので、ベッド横のこの棚が特等席です。ここにプリンカップ（ア・ラ・カンパーニュの）を置いて、その中に時計を……。出し入れしやすく、目につくので、つけ忘れ防止になっています。このカップなら、見えてもいいですしね。

▼2015年04月24日

季節で変わる、かごの中身。

ダイニングテーブルに、かごをおいています。よく使うものをかごなどに入れちゃえば、見た目もいいし、かごとどかせば、テーブルはスッキリ。我が家の場合、このかごに入るレギュラーは、エアコンのリモコン、夫のメガネと、私が使うハンドクリーム。

他のものは季節によって変わります。冬は使い捨てカイロ。花粉症の季節の春は、マスク、薬、ティッシュ。夏は虫よけスプレー、かゆみ止め、日焼け止め。日々使うものを扉を開けて出し入れするのは、面倒に思うのが人の性（っておげさ）。普段の収納場所にこだわらず、季節によって使うモノを出しておくのはいかがですか～。

09
みうさん
miu

ヨガの知恵を生かしリラックス&シンプルライフ

➡「ヨガとシンプルライフ」
http://www.yogasimplelife.com/

京都在住。ヨガインストラクター。30代。10年程前にヨガに出会い、シンプルな暮らしに目覚めました。「心地よく、しなやかな体と心と暮らし」であることが自分にとっての理想のシンプルライフ。女性らしくヨガの智慧を暮らしや家事に生かしながら、「何事もシンプルに楽しむこと、気楽でリラックスした毎日」をモットーにヨガの練習と日々の生活を楽しんでいます。

▶ 好きな家事は何ですか

掃除。家にいる時間を気持ちよく過ごしたいので、掃除はこまめに行っています。雑巾掛けなど体をしっかり使ってできる家事が好きです。

▶ 苦手な家事は何ですか

冬場の洗濯物干し。寒いのが苦手なので冬場に外で洗濯物を干すのが苦手です。

家族構成	自宅で仕事をする夫とふたり暮らし
朝起きる時間と寝る時間	6時起床、0時就寝
一日のうちで家事に使う時間	3時間くらい

▼ 2015年01月17日

アクリルたわしと活用法。

編み物を時々します。単純に「編む」という行為が好きなのです。去年はニット帽やスヌードなども編んで使っていたのですが、今はもっぱらアクリルたわしばかり編んでいます。

編み方も複雑なものはわからないので、かぎ針で単純な編み方だけ。でもこの「編む」という行為を淡々と続けていくとだんだん何にも考えていない、「無」に近い境地になります。つまり、瞑想をしているときととても似ているのです。この感覚が好きで、時々編み物をします。そして、ただひたすら編むだけなので、アクリルたわしがたくさんできる(笑)。

毛糸は100均で私は茶系の糸を選びます。作ったら、まずコースターとして使い、コースターがくたびれてきたら、食器洗いにしたり、掃除(ホコリ取り)に使ったり。また、ちょっと大きめに編んだものは、お風呂の掃除に使います。私の趣味と瞑想と実用を兼ねたすぐれもの、アクリルたわしです。

2015年01月26日

家族で使いやすいキッチンに。

うちは主人が家で仕事をしています。私が仕事でいない日は、お昼ご飯は自分で作って、片付けておくようにお願いしています。なので、我が家のキッチンは私だけでなく、彼も使いやすいようにすることが、ひとつのテーマなのです。

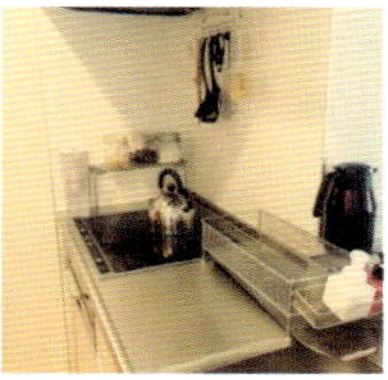

もしも、私ひとりでキッチンを使うなら、減らせるものがもっとあると思います。結婚当初は私の減らしたい願望と、ヨガ女によるナチュラル願望により、ぶつかることも多々。

洗剤を使いたくなく、台所用の石けんを用意してみたのですが、彼には使いにくかったようで、洗い物をしてくれなくなり結局やめました。せめて無印のボトルに洗剤を入れ替えています。洗剤は主人が使い、私はアクリルたわしでほとんどお湯だけで洗います。水切りかごもシンプル・ミニマムライフの方々は使ってない方も多いのですが、主人も洗い物をしてくれるので、辞める訳にはいかず。

キッチンツールはつり下げ収納。100円均一の磁石とS字フックとワイヤーネットで作りました。

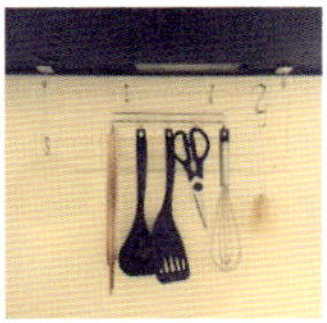

よく使う調味料、てんさい糖・昆布（だし用）・塩は出しっぱなしに。シンク下をもう少し使いやすいように工夫していきたいです。

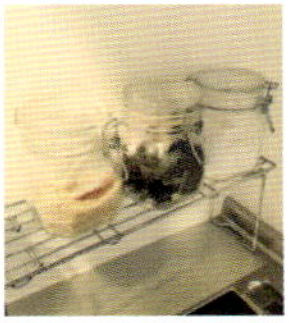

2015年02月02日

棕櫚（しゅろ）ほうきとコンパクトな掃除機。

掃除機の大きな音が苦手で、基本は棕櫚ほうきとはりみです。内藤商会という老舗のほうきやさんで買いました。

まずなんといってもほうきは静かです。平日は主人が部屋で仕事をしているので、これはほんとに助かります。あと今まで、プラのちりとりでゴミをゴミ箱に捨てる際、静電気でゴミがちりとりに残るのがストレスになっていたのですが、はりみは静電気がたたない！

そしてほうきで掃くサッサッサッという音はなんだか心もすっと落ち着かせてくれます。禅僧さんが、お念仏を唱えることよりもまずは掃除（作務）を大事にするということがなんだかわかる気がします。

でも掃除機も持っています。ハンディタイプの「SWEEPLUS サイクロン式ハンディ&スティッククリーナー」。充電式は嫌だったので、コードタイプです。パーツを外してコンパクトに収納できます。

▼2015年02月15日

買わない暮らし。マイボトルで白湯生活。

シンプルライフを意識していなくても、マイボトルを持つことはとても一般的になってきたように思います。お弁当箱と一緒に使っているのが、「ナルゲン」のマイボトル。

私が普段持ち歩いて飲む分は500㎖がちょうどいいです。洗いやすいというのも私にとってノンストレスのポイント。ペットボトルのような狭口は、中まで洗えません。あと、蓋が一体化になってるので落ちないというのも飲みやすいです。

かなり長く使っていますが、ほんとに丈夫。これに水（白湯）を入れて持ち歩いています。

水や白湯を飲む生活になじむと、市販の飲み物がとても甘く感じられるようになりました。

▼2015年02月09日

我が家の常備菜と鶏胸肉を柔らかくゆでるコツ。

うちの主人は時に、ミニマリストに近い思考を発揮してくれます。食べ物に関しては、毎日同じでも飽きないらしい。平日の彼のお昼ご飯は定番化して決まっているので、常備してあります（主人は家で仕事をしているため、家で食べます）。メニューは白ご飯、サラダ、鶏肉、煮卵です。

ブロッコリーは蒸しゆでしてジップロック、キャベツも千切りにしてジップロック、煮卵も8個くらいを一気に作ってほうろう容器に保存。

鶏肉はゆでて、ごま油、ポン酢、一味で和えてできあがり。で、彼が伝授してくれた鶏肉を柔らかくゆでるコツを。①鶏肉は一口大に切っておきます。②鍋に水を入れて沸騰させます。③沸騰したら鶏肉を入れて、火を消します（鶏肉を入れると温度がいったん下がるので、もう一度ふつふつくらいまで温度を上げてから消します）。④6〜7分放置。できあがり。

キャベツもブロッコリーも2〜3日で食べきってしまうのですが、あると便利です。

▼2015年02月10日

我が家のトイレ掃除事情。

トイレ掃除は毎日の日課になっています。といっても、毎日気合いを入れてやるのではなく、「ついで掃除」。祖母や母に小さい頃「トイレを使ったあとに掃除をすると美人になって運がつくよ」と言われ、それを信じて（?）磨いてきました（笑）。それがかなったかどうかはともかく、トイレ掃除がいい習慣になったので、それには感謝です。

以前、ヨガスタジオが入っているビルの掃除のおばさんと話すことがあって、そのときのおばちゃんが一言「おばちゃんは体硬いけど、お掃除することがヨガやわ〜」。おばちゃん名言、出ました。まさしくそうなのです。

ヨガの教えの中に、「清潔に保つ」というものがあります。自分の身体を清潔に保つだけでなく、周りも清潔に保つ。ヨガから学んだシンプルライフのひとつです。

トイレ掃除に使うものは、おなじみ、重曹・クエン酸・エッセンシャルオイルの3つです。そして、「トイレをきれいに使ってくれてありがとうね」の意味を込めて、「thank you」と書かれたポストカードを飾っています。1枚のお気に入りの絵があるだけでトイレの雰囲気が明るくなる気がします。

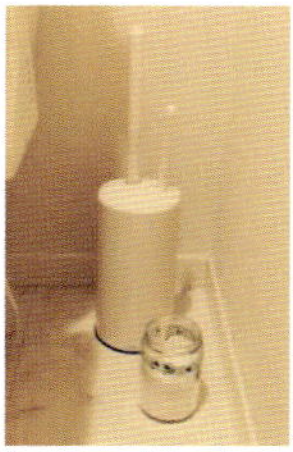

▼ 2015年02月15日

朝の仕事を楽しくしてくれたモノ。

ヨガをして、身体の準備を整えてから、朝仕事を始めます。一番最初にする朝の仕事が「コーヒーを淹れること」。

うちは主人が自宅で仕事をしているため、朝に作り置きして冷蔵庫へ入れておきます。

毎朝、コーヒーの粉が膨らんでいく様子をみるのが楽しいです。コーヒーの入れ方でその日の気分に気付かされることも多々。時間がなくて、バタバタと入れてしまうと膨らみが悪かったりして、雑な味になってしまう。一種のバロメーターにもなっています。

タカヒロのドリップポットは買ってよかった! ドリッパーは、元はイワキのパイレックス製なのですが、洗いにくいのが気になって、結局ホルダーだけ利用しています。

家事は、毎日必ずやる仕事。
それを楽しむ工夫をするということ。
そうすると、すべての仕事が楽しくなる。
そういうスタンスで家事と付き合っていきたいと思っています。

▼ 2015年02月16日

キッチンがスッキリ見えない理由

キッチンがスッキリと見えない理由のひとつに、冷蔵庫にたくさん貼られたメモや領収書などが挙げられると思います。それらを全部取り外すだけでかなりスッキリ見えるはずです。ただ、私は2点のものを貼ってしまいました。

私が貼っているのは、キッチンタイマーと実家の猫の写真。

こちらに引っ越してくるとき、愛猫と離れるのはとても寂しく、せめて写真を近くに置いておきたいと思い「Sticky9」というサービスを利用しました。インスタグラムの写真をマグネットにしてくれるサービスです。

冷蔵庫に写真って実家でも貼ってありましたが、結局ぺろーんとめくれてきたりします。マグネットだとそれがなく、インスタグラムの写真はなんとなく雰囲気がよく見えたりするのでうちの猫も3

割増しでかわいくできました（笑）。料理の合間に眺めて癒やされてます。

2015年02月19日

シンプル掃除。雑巾掛けの効果がすごい。

今日は思う存分、雑巾掛けに専念しました。掃除機もしっかり掛け、そしてその後に雑巾掛け。雑巾掛けは至ってシンプルです。水で絞った雑巾で拭くだけ。特に洗剤は使いません。そしてこの雑巾掛け、体にとてもいい効果があります。よつんばいで赤ちゃんのハイハイのような姿勢で行います。このハイハイの動きが、骨盤や股関節を元気に。肩甲骨もしっかり動き、背筋や腹筋を鍛えることにもつながります。つまり全身運動！

今日は思いっきり雑巾掛けしましたが、普段、ちょっと気になるときには簡単に。ただの水を入れた100円均一のスプレー（私の寝癖直しや、植物の葉に水をかける時も使います）。これを古布にシュッとして気になるところを拭き取って、古布はポイ。キッチンの床はなるべく毎日これで拭き取るようにしています。古布も暇なときにまとめて切って作っておくと便利です。

2015年03月10日

【常備菜】我が家の昆布豆レシピ、マメじゃなくても豆をたく。

昔から豆製品が好きで、今はベジタリアンではないですが、大豆製品を取ることが多いです。

よく「昆布豆」をします。フジッコの昆布豆が好きでよく買っていたのですが、ドライパックを使って一度作ってみると、意外に簡単でそれ以来ずっと手作りです。というより、大豆の水煮やドライパックを使えば、包丁使って切ったりする手間もなく、調味料入れて煮るだけなので、むしろ私にはとてもシンプルな料理。

そして、多めに作って小分けにして冷凍しておけばお弁当のおかずとしても重宝します。栄養面でも優秀ですね。

昆布はミネラルと食物繊維が豊富、大豆は栄養バランスが非常に優れているとも言われます。主人がいない日の食事は、玄米、みそ汁、昆布豆、こんなレシピになります。質素だけど満足です。

2015年03月16日

白砂糖をてんさい糖に変える、砂糖断ちをやってみる。

我が家では、てんさい糖を使っています。以前、マクロビのお料理教室に通っていて、そのときに学んだ、陰と陽の関係。それによると、白砂糖は体を冷やす作用があるという……。体の冷えが気になっていた私は、それで白砂糖をやめてみました。マクロビからは離れてしまいましたが、てんさい糖は続けています。

白砂糖に関してはいろいろ言われていますが、私はお菓子が大好きでほうっておくとけっこうお菓子を食べてしまうので、摂り過ぎに気をつけたいところ。最近、ちょっと甘いものを摂り過ぎている感があったので、また砂糖断ちをやってました。今回はとりあえず肝臓を休めようと、5日間おやつをストップしました（笑）。

お菓子をストップさせて気付いたことは、やっぱり甘いものは嗜好品だなと。

必要な糖分はご飯やおかずから摂るとして、おやつは食べなければ食べなくても平気なものでした。

「なんとなく甘いものが食べたい」という気持ちに流されていたように思います。お菓子がなくても大丈夫、あったらうれしい、くらいの感じが理想。

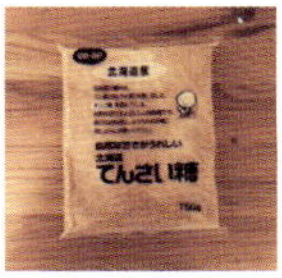

▼2015年03月19日

風呂掃除。排水口の掃除を楽にするコツ。

主人の一言でお風呂掃除が劇的に楽になりました。

「それって必要?」。出ました。シンプル・ミニマムライフを送る上での合言葉。今回その言葉がまさかの主人から出てきました。

排水口の蓋をせっせと掃除していた私。それを見た主人。「それ毎回掃除して、面倒くさくない? 外して片付けといたら? お客さん来るときだけ付ければ?」と。

お風呂上がりに蓋を開けて髪の毛とってついでに蓋も洗う、という流れで行っていたのですが、確かに蓋って必要ないかも、と片付けてしまいました。ゴミは目立ちますが、目立つ分、忘れずにとることもできるので、結果、排水口の掃除がかなり楽になりました。主人の一言に感謝です。

たまに重曹を振りかけて使い古しの歯ブラシで磨きますが、そんなに汚れません。掃除は、汚れをためないことが、一番楽な方法。

それなら台所のシンクの蓋も要らないかも? と思って試しましたが、こちらは私はあったほうが使いやすかったです。「それって必要?」の目でみていくと、まだまだ常識にとらわれていることがたくさんありそうです。

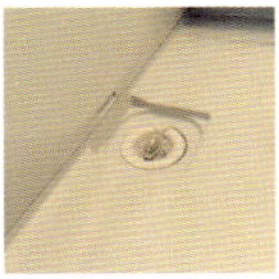

▼2015年04月02日

いつでもどこでもできる！お家でヨガをする工夫とメリット。

我が家のヨガスペースは、決して広くはないスペースでやっています。うちは1LDKで一部屋は主人の仕事用デスクとベッドが置いてあり、ここではさすがにヨガマットは敷けません。

なのでリビングの端っこでヨガをしています。しかもリビングは主人の趣味スペースでもあるので、スピーカーやテレビも置いてあります。もちろんヨガは広々としたところでやるととても気持ちいいです。ですが、家の中でスペースを作るのも、モノを減らしたり掃除をするきっかけにもなります(家でヨガをすると普段見えないところのホコリが目について気になったりします)。私がモノを減らし始めたきっかけも、部屋でヨガをするスペースが欲しい、ヨガスタジオのような部屋にしたい、と思ったことがひとつです。

そして、「ヨガはどんなところでもどんな状況でもできる」というのが醍醐味なので、狭くてもそのスペースでいかに工夫して体を動かすか、ということも大きな練習になります。

10

YUKAさん

YUKA

季節を
取り入れた
イエシゴトが
大好きです。

➡「YUKA'sレシピ♪」
http://yukarecipe.exblog.jp/

週末に作る常備菜と自家製冷食で、手を抜きながら手を抜いて見えない、美しくおいしいお弁当を模索中。料理上手に憧れるただの料理好き。資格系講師・東京都。

▶ 好きな家事は何ですか

料理。お弁当作りや保存食の仕込みなど、季節を取り入れながら何かを作る作業が好きなので、料理以外でもキッチンで何か作業していることが多いです。

▶ 苦手な家事は何ですか

洗濯。嫌いというより「乾くまで待つ」という、1つの家事が終わるまでの時間がネックなのです。洋服はできる限りハンガー干ししてます！　せっかちなのかもしれません（笑）。

家族構成	ひとり、時々ふたり。
朝起きる時間と寝る時間	5時30分起床。1時就寝
一日のうちで家事に使う時間	平日1時間程度。休日前は夜中にプラス30分〜1時間。休日は1時間から1時間半。

▼ 2013年11月09日

スパイスボトル16個セット

スパイスボトル16個セットを買いました。同じものが整列していることに幸せを感じる。もう前から欲しくて、でもいる？　いらない？　と迷っていたもの。

私は保存用瓶は、使い終わった食材瓶でいいんじゃない？　ってタイプ。実際、ごまとかだしとか、昆布とか砂糖とか、ネスカフェのゴールドブレンドの瓶に入っているし（笑）。一応色と見た目は重視しますが、それはそれで揃っていればOKなのです。

でも、このシンプルな薬瓶のようなフォルムがずっとかわいくてほしくて（笑）。

スパイス名はサイトの画像を参考に油性ポスカ（極細）で手書き。ガタガタして、手書き感満載（笑）。底に賞味期限を書いたシール（はがすのが楽なやつ）を貼りました。

▼2013年11月09日

「☆部」。干し野菜生活始めました。

干し野菜生活、始めました。今回はお野菜そのままのおいしさを味わってみましょう♪　と、料理研究家の説明チックなひとりごとをいいながらお料理。

干し野菜ネットを購入して、干し野菜を作りました。天気予報をチェックしつつ、朝干して帰ってから取り込んでます。

今回はセミドライ仕様で食べます。干したのはかぶ、にんじん、しいたけ、エリンギ、みょうが、なす、アスパラ。少しずついろんなものを。干すと、カサが減りました〜。

缶詰のレッドキドニービーンズをプラスして、干し野菜を投入。ひと煮立ちさせて、味付けはしょうがとウェイパーで。最後に豆苗を入れてできあがり。あっという間にできる〜！　しかも、うまし。

▼2013年11月15日

新しょうがで甘酢漬けとしょうがパウダー作り

引きこもり日曜日の「家しごと」。新しょうがの甘酢漬けを作りました。

レシピを探しているときに、生のしょうがは「解熱作用」、干したものは「体を温める」と発見。「えぇ〜干したほうがいいんじゃないっ」（心の叫び）。知らなかったのです。しょうが好きなのですが、効用としては干したものが使いたい。干しものにハマリ中の私的にもタイムリー♪

そこで、つま切り用スライサーで細かい千切りに。地味にコツコツ大量に順次干しました。完全にドライにして、ミルサーで粉末に。これで自家製インスタントしょうがスープもできちゃうぞ♪　意外ときれいに大成功♪　ただし。干したら、あの量でこれだけ？　って量に減りました（苦笑）。この量で冬は越せない。

▼2013年11月26日

「☆部」。手作り柚子ポン酢と干し柚子

ずっとやりたかった柚子しごと。表参道で毎週開催されている「ファーマーズマーケット」で、無農薬柚子が10個400円（笑）。皮と実とタネを全部使い倒します。

メインは柚子ポン酢。冷蔵庫で1年ほど持ちますが、たぶんその前になくなります（笑）。

あとはせっかくの無農薬の皮を、料理の飾り用の冷凍保存、乾燥パウダーに。そして残ったタネで全身用柚子の化粧水を作り、搾りかすの実はお風呂に入れました。

基本的に自分が食べるもの、食べる分を仕込みます。おいしくできるといいなー。初夏は梅しごと、秋はレモンと柚子しごと。お弁当作りも料理も保存食作りも、趣味の延長線上にあるので、保存食作りは楽しいのです。

▼2013年12月14日

柚子ピールと柚子の保存

最後の柚子しごと（たぶん）。今日は柚子ピール。ピール、初めて作ったのですが、ま〜〜〜時間がかかる（笑）。大変なんですね。おいしそうだなと思う方々のやり方がみんな似ていて、やっぱり手間暇はかかるのね〜。できあがるまでに1週間。一部、グラニュー糖をまぶさずにそのままで。冷凍しておいたソルベに刻んで混ぜ込んでみました。温かい部屋で温かくしてアイスを食べる幸せ（笑）。

今年の柚子しごとで、できあがったもの。柚子ポン酢、柚子マーマレード、柚子ジャム、柚子ピール、柚子ソルベ、柚子みそ、柚子水、乾燥柚子こしょう、乾燥柚子種（天日干し中）。

お菓子作りしないのに、大量のピール（笑）。作るのが楽しいのですが、ちゃんと食べよー。

▼2014年01月11日

保存食用レシピノート

中山庸子さんの「書き込み式 いいこと日記 2014年版」（マガジンハウス）。毎日のちょっとした出来事を絵やシールや言葉でつづる日記。私はこれを料理用保存食記録ノートで使うことにしました。2014年版ですが、年度や日付は完全無視（笑）。

1年分のスケジュールページには、ベランダ菜園でやりたいものの情報にします。月ごとのマンスリーページには、食材の旬情報と、作ってみたい保存食情報。昨年、旬の時機を逸して、梅しごとをしなかったりしたのでそろそろ旬だよ〜の合図を。

ウィークリーページと方眼状のメモページには、保存食・常備菜のレシピと簡単手順。

こうして書いておけば、季節のイエシゴト準備とやることを忘れないで済むかなという希望的観測。マメさがA型（笑）。

▼2014年02月02日

オレンジジャムとコンフィ作り

甘夏を使って作るオレンジジャムとコンフィ。バレンタイン用の下準備のピール作り。

今回はマーマレードではなく、果肉も入れたのでジャムっぽくなりました。長期保存用に、甘夏ジャムの糖度は高めで。

10個の無農薬甘夏をよく洗っていろいろ仕訳。ジャムとピール用、輪切りにしてコンフィに。前に作った柚子ピールと一緒にチョコがけして3種類のオランジェットにしようかと。レモンはホワイトチョコにしようかなー。できあがりは来週あたり。来週末は忙しいので、11日には作れるかな。ギリギリ間に合うか（笑）。

▼2014年04月20日

タケノコ常備菜と自家製冷食作り

ストレスを解消するように、朝市で食材を買い込んできました（笑）。私は洋服とかバッグとかコスメとかは衝動買いしません。学生を卒業して社会人3年目ぐらいでそういうのは卒業。卒業できるほどやりきって、ど〜んと反省したってことです（笑）。

マルシェでいろいろ買い込んだので、自家製冷食を作りました。焼き肉、お弁当用花型ウィンナー、豚肉のみそ酒粕漬け、牛丼。そして、昨日米ぬかを入れてゆでておいたタケノコは常備菜に。……メンマ、チンジャオロース、土佐煮、タケノコ入り肉だんごと肉巻きタケノコのしょうが焼き。ロールキャベツ、キャベツのベーコン巻き、そしてタケノコご飯！　本当はパンも焼きたかったのですがさすがに疲れて今回はなし（笑）。

▼2014年05月24日

バジルオイルとアーリオ・オーリオと米ぬか利用法

本日のイエシゴトいろいろ。まずはオイル作り。エクストラバージンのオリーブオイルを使ってバジルオイルと、アーリオ・オーリオの2種類。バジルはベランダから。作り方は、落合シェフのレシピで。

それから私は小さい自宅用精米機を持っているので、玄米で買っているのですが、けっこう米ぬかが出ます。その無農薬米ぬかを使って、ぬか袋を作りました。ぬるま湯に入れて少しもんで、白濁したお湯で顔を洗います♪　他にも小麦粉とぬかでハンドパックもやってみます。

あとは、それからぬか入りのふりかけとか、パンに入れたりとかやってみようと、ゆっくり弱火で15分ほど炒ってみました。

▼2014年05月31日

梅しごと始めました♪小梅シロップとカリカリ小梅

梅しごと始めました♪　1kg500円の小梅。実は仕事で千葉に行った際、移動の時間に通った八百屋さんで目が合いました。小梅が買えって訴えるので（笑）。買ってサブバッグに隠し持って仕事に向かいました（笑）。

作りたいのは梅シロップとカリカリ小梅。いつもは梅酢シロップにするのですが今回は梅シロップにしてみました。2週間で飲めます。

小梅漬け。大粒梅もやりたいところですが、私のお弁当は小梅のほうが重要度高し（笑）。カリカリにするためには、タマゴの殻のカルシウムがいるそうです。それで柔らかくならずにカリカリになるそう。

2014年06月15日
らっきょう漬け作り

今年は初めてらっきょうを漬けました——！（一年越し） しかも調子に乗って2kgも（笑）。

皮をひたすらむくのですが……らっきょうって大量にあるとものすごく臭いっ！（笑） その日はかなりの雨で、しかも夜中で……途中で気付いたんですねー。部屋中がらっきょう臭い！ 慌てて窓を開けたくても、夜だし雨だし開けられないよね～どうするどうする！ って、もう気付いたらおかしくて「臭いんだけど～～～！」という、変なテンションでらっきょうむき。らっきょうを漬けているんだか、私が漬けられているんだかわけがわからないテンションで終了。食べられるまで3週間～1ヶ月だそうです。

2014年09月15日
栗の渋皮煮

連休なのに、全く遊びに行かずに引きこもっております。出不精のふたり組（笑）。昨日出来上がったもの。栗の渋皮煮。

栗の皮をむくのがすごく大変だなって思っていて避けていた渋皮煮。でも、超絶美麗なお菓子ブロガー様の「nanako＊sweets-cafe♪」さんがレシピをあげられていたのを見て、ブックマークまでして楽しみにしてました（笑）。

忙しい時期はなかなかできませんがそれでも秋は何かしたくなる（笑）。

2014年11月30日
みかんの皮活用法♪

以前買った有機みかんで「みかんクリーナー」を作ってみました♪ ボトルは100均で買ったスプレーボトル。材料は、水400cc、みかんの皮4個分。鍋に入れて煮立ったら弱火で15分ほど、煮詰めるだけ。半量くらいになります。作ってすぐ、レンジとガス台と冷蔵庫の外拭きをしてみましたがいいですね！ 頑固過ぎる汚れは無理かもしれませんが普段の汚れはきれいに落ちました♪（嬉々） 香りもみかんなので問題なし♪ 使用感はマジックリンに近い。これでみかんが2度おいしい。余っているみかんの皮は干しておきます。

2014年12月23日

みその寒仕込み

手作りみそ仕込み♪　初心者なので簡単に材料を集めたいと思い、手作りみそセットを購入しました。私が購入したのは桶まで込みで付いてくるセット。できあがり5・3kgというもの。

大粒大豆1・3kgを一晩、水にひたしてゆでると、寸胴鍋いっぱいに。ゆであがるとものすごい量(笑)。麹と塩と混ぜてみそ種に。量が多くて(主に道具の大きさ的に)、けっこう大変でしたが難しくはなかったです!

2015年02月14日

デトックスウォーター

いただきものの果物消費を考えていたのですが「きまぐれ薬膳」ブログのちえさんが、タイムリーな記事をUPしてくださっていてこれやろう――!　と、飛びつきました♪

「デトックスウォーター」です。メイソンジャーで作ると持ち運びに便利ですが私は家に置いておくので、お茶用ボトルで(笑)。入れたのはキウイ2個、みかん1個、キンカン3個、冷凍しておいたレモン&ライム数枚。みかんとキンカンはよ～く洗ってみかんは輪切りを半分に、キンカンは半分カット。キウイも輪切りにしました。簡単。果物の酵素の効果かな?　美容効果があるのですって。デトックスっていいですね!

2015年04月25日

滋味な常備菜作り

先週末のイエシゴトは野菜室&冷凍庫にあったもので作りました。私にしては珍しく色味の少ない常備菜。地味色ですが滋味な常備菜。

揚げとキノコ煮、豆とひじき煮、おから煮、叩ききゅうりとかぶの浅漬け、鶏レバーの煮物、ふきの煮物、ふきの山椒煮、ふきの葉じゃこ。週末と週前半であっという間に食べ終わって、もっと作ればよかったか?　と思ったのですが～～食べ切りって重要ですものね!　帰宅後の夕食と朝ご飯に大活躍でした～!

11

utakoさん

utako

ゆっくり時間をかけて、モノづくりや道具の手入れを。

「Living like Singing ♪」
http://livinglikesinging.blog.fc2.com/

シンプルに、そして丁寧に。季節を感じながら歌を口ずさむように暮らしていきたい♪　庭に咲いた小さな花、部屋を通り抜ける心地よい風、皆で囲むおいしい食卓……。日々の暮らしの中にあふれる小さな幸せに気付き、大切な人たちと分かち合いたい。横浜市にて、教室を不定期に開催しています。「Harmonic Table 〜野菜・果物、時々かわいいお菓子〜」

▶ 好きな家事は何ですか

モノを作ったり、道具の手入れをしたり、お菓子を作ったり……ゆっくりと時間をかけてするしごと。無になる感覚と終わったあとの達成感が好き。／料理。家族の身体と心の健康を支える毎日の食事。旬の食材で季節を楽しんでいます。／片付け。片付いた部屋にいると、すっきりと爽やかな気持ちになり、集中できたり、新しいことも始めやすくなるから。大事なことにとりかかる前には必ず片付けをします。

▶ 苦手な家事は何ですか

電化製品のお手入れ。取扱説明書が苦手だから。少しずつ電化製品が減っています。

家族構成	夫と娘ふたりの4人家族
朝起きる時間と寝る時間	6時起床、0時就寝
一日のうちで家事に使う時間	特に決まっていません

▼ 2010年07月09日

木を削ってトレイを作る

先月、木でカッティングボードをふたつ作って、すっかり木でモノを作ることにハマった私。今度はトレイ作りに挑戦です。木をトレイの形にカット。机にクランプでしっかり固定して、丸ノミを使って上面を彫っていきます。削って、削って、ひたすら削って……夢中で作業してだいたいの形ができあがったところで、気付けば子どもたちのスイミングの送迎の時間！

翌日、細かい部分をキレイに削ってやすりがけをしました。『木でつくる小さな食器』（河出書房新社）に、食用のくるみを布で包んで、叩いてつぶして、にじみ出てきたオイルを木に塗る方法が紹介されていました。なんて自然で、無駄のない方法なの？　ますます木のモノづくりが好きになりました。

2012年02月17日

初めてのワイヤーのかご作り

手の空いた時間に、ワイヤーとペンチを出してきて、こんなものを作ってみました。ワイヤークラフト、いいなと思ってはいたけれど、道具を揃えていないし、初めての私には大モノはちょっと……。手でも加工できてしまうような細くて柔らかいワイヤーで、小さなかごから挑戦です。

底に縦横のラインを入れるとき、底の枠を引っ張ってしまったようでかなりいびつに。でもまぁこのゆがみも、手作りの味ということにしておこう。やっぱりモノ作りっていいな。ワイヤーは、わりと短時間で作品ができそうなところもいいかも。

2013年06月17日

梅シロップ、梅酒、梅みそ

青梅で梅シロップを仕込んで1週間。今度は、庭に梅がたくさん実ってもてあましているという友達から、小ぶりの熟れた梅をたくさんいただきました。何に使おうか迷って、家にあったホワイトリカーで、少しだけ梅酒を仕込んでみました。熟れた梅で作ってもおいしいと聞くので、楽しみ。

お次は前から気になっていた梅みそ。今回の配合は、梅500グラム、みそ500グラム、きび砂糖250グラム。みそ→梅→砂糖→みその順番で容器に空気を抜くように重ね、冷蔵庫で3ヶ月ほど寝かせると、梅のエキスとみそが混ざって、よい味になるのだとか。

夏にピッタリなイメージなのに、できるのは秋？　できあがりが待ち遠しい！

▼2014年02月22日
スコーン好き

部屋いっぱいに、ほんのり甘く香ばしい香り。オーブンから取り出したのは、ぱっくり口を開けたあつあつのスコーン。昔、妹とイギリスを旅して、コッツウォルズで特別においしいスコーンに出会ったのが私のスコーン研究のはじまり。飽きるほどに焼いて、イベント用にも何度も焼いて、お友達のウェディングの引き菓子としても焼いて。

カリッとして、中はふんわり。他にはない、私だけのレシピ（自画自賛）。さすがに、焼き過ぎた感はあるけれど！　それでも、たまに作るとやっぱりいいなぁと思う。

プレーン系のシンプルなスコーンをちゃんと温めて、加塩バターをのせて、そのバターがまだ冷たいうちにパクリ。あーシアワセな瞬間♥

▼2014年10月01日
台所作業台、オイル仕上げ。

ひょんなことから、この大きな家具がやってきたのは、もう10年以上前のこと。作業台としてわが家の台所の顔になっていますが、無塗装なのか、少しでも水分が付けばあっという間に染み込んで、シミになってしまうのです。そこで遅まきながら、自分でオイル仕上げをしてみることにしました。

トレイを作ったときに知った方法で。端切れでくるみの実をいくつか包み麺棒でつぶしたら、にじみ出てくるオイルを、木材にすり込んでいくだけ。ほんの少し色がダークになり、表面にうっすらとオイルが染み込みます。塗り込んで塗り込んで、完成。いつか、アンティークに育っていくのが楽しみ。

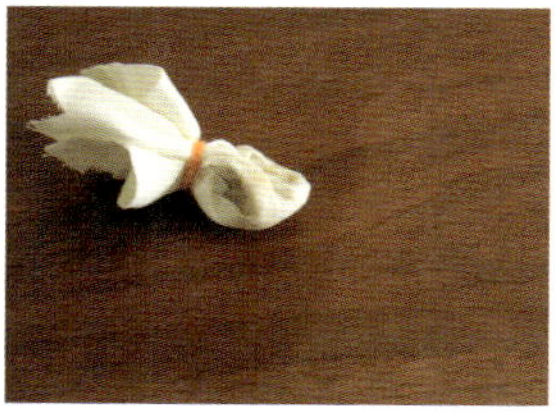

2014年10月03日

朝の台所

宵っ張りの私が眠い目をこすりながら起き出すと、朝の台所はてんてこ舞い。お弁当に水筒、みんなの朝食を用意して、子どもたちの髪を結って……。だから、台所は使いやすく、動きやすくないと困ります。

最近、作業台の上をマイナーチェンジし、使う機会が減ったトースターを端にやったら（焼き網を使うようになったのです）、家族の人数分のトレイを無理なく並べられるスペースができました。

狭い対面カウンター部分にお皿を置いて、みんな早く取りに来てー！ と言う必要もなくなりそう。

2014年10月08日

台所が好きなわけ。

台所が好き。お料理を毎日する人は、きっとみんな好きなんじゃないかな？ それはきっと、自分ひとりで好きなように作れるし、工夫して作っていけば、使いやすさとして直に成果を感じるから。「私の部屋」みたいな場所だから。

わが家は建て売りだったけれど、試行錯誤しながら少しずつ作っていって、大好きな場所に。置いているものにはひとつひとつ意味があり、置いてある場所にもなんだかんだ理由があります。そして、道具は大事に使います。

自分の好きなように整っていると静かな気持ちで集中して仕事ができるし、日々のちょっとしたことを、より楽しむことができる。

だから私は、今日も台所（ばかり）を整えます。あー楽し♪

2014年10月27日

整える日

部屋は、いつもきれいにしておきたいと思っていても、生活していると、どうしても散らかるときがあります。家族が週末に使ったものや、出かけたときに持ち帰ったものがそのまま置かれているのは、いつもの週明けの風景。

だから、「月曜は整える日」にしています。学校で使うもの、遊びで使うもの、工作したもの、描いた絵、カバンに入れて出かけたたくさんのもの……子どもたちの周りにはモノがいっぱい。大人は使ったものを定位置にすぐに戻すことができても、もしかしたら子どもたちには、それは簡単なことではないのかも? だから、子どもたちにウルサく言うのでなく、月曜の、もうお昼もとっくに過ぎたこんな時間からだけれど、まずは私が「月曜は整える日」を、実行しよう。心の中も、落ち着かせながら。

2015年01月22日

育てる道具＊鉄のフライパン再生

娘のインフルエンザ引きこもり中にやったこと。愛用の鉄の打ち出し中華鍋のお手入れです。この頃、卵やチャーハンなどが鍋肌にくっつきやすくなっていました。これは、コゲがうっすらと表面にたまってきたのが原因だそう。

強火で15分ほど汚れを炭化させ、冷めたら粗いサンドペーパーでごしごし削ること1時間半……。その後クレンザーで磨くと、嘘のようにシルバーに! それをまた、中火にかけて酸化被膜を作っていきます。全体が玉虫色になるまで焼いて。最後は油慣らしとして、多めの油を注いで加熱し、油を捨て、残った油をペーパータオルでなじませたら完成! 美しい。2時間以上にわたる努力のたまものです。

時間をかけて手をかけた道具は、ますます愛着がわいてきます。丁寧に使って、これからもこの道具を育てていきたいな。

▼2015年01月28日

わが家の鉄のフライパンたち

中華鍋のお手入れをしたあとのすがすがしさとその使い心地に、他の鉄のフライパンたちもお手入れすることに。今回は、やすりで鉄の銀色の肌が見えるまで削る、なんて大変なことはせずに、ちょっとコゲ癖がついた部分などをクレンザーでごしごしこすって、油慣らし。ただそれだけの作業で、卵もお肉も滑るようにおいしく焼けるようになりました。

わが家のフライパンたち。山田工業所の打ち出しの中華鍋30センチ、厚底パエリヤパン　30センチ、リバーライトの玉子焼き器、1年前に仲間に加わった、釜定のミニパン。鉄ばかり。

けっこうあるけれど、どれもわが家には必要なもの。パエリヤパンは大きなホットケーキやお好み焼き、大人数のグラタンなどにも使えます。

▼2015年03月28日

つくし野原より

ここ数年、父が摘んだつくしを届けてくれています。数年前、たくさんのつくしを届けてくれたのはいいけれど、ハカマを取るのに何時間もかかり、大変な思いをしました。「ハカマを取るのが大変過ぎるから、ちょっとでいい」と父に告げると、去年からは、なんとハカマを取ったつくしをたくさん届けてくれるようになりました（母いわく、すごい根気だそうな……）。ハカマを取ってくれてあるなら、大歓迎（笑）。早速、その日のうちにあく抜きをし、薄味の卵とじに。残りは干ししいたけと一緒につくだ煮風にして、つくしのお寿司にしていただきました。錦糸卵と、地物の野菜「のらぼう菜」をゆでて散らして。春を味わう素朴なご飯。

つくし野原の無口なじいちゃん、ありがとう。

12

chieさん

chie

小さな子どもがいても、片付けやすく心地いい部屋に。

「おうちのなかみ」
http://ouchinaka.exblog.jp/

4歳と2歳児と暮らす4人家族です。小さな子どもと暮らしているので、毎日お部屋は散らかりますが、散らかっても、ストレスフリーなおうち時間になるように。IKEA、無印、ニトリなどのお手軽アイテムを利用し、片付けやすく、家族が心地よく過ごせる空間作りを日々研究中です。見られても恥ずかしくない、使いやすい収納空間作りを楽しんでます。

好きな家事は何ですか

掃除。朝は必ず換気をして掃除機をかけています。掃除をしたあとの部屋の中の新鮮な空気が好き。／インテリア（子ども部屋を中心とする模様替え）。子どもが寝たあとに、黙々と。／ガーデニング、家庭菜園。天気のいい日は庭に出て庭仕事をしています。

苦手な家事は何ですか

料理。毎日、朝のお弁当作りから始まり、三食ほとんど作っていますが、料理は楽しむというか義務的な感じでやっている気がするので。

家族構成	夫（34歳）私（33歳）長女（4歳）長男（2歳）
朝起きる時間と寝る時間	5〜6時起床 10〜11時就寝
一日のうちで家事に使う時間	3〜4時間

2015年03月08日

リビング収納はIKEAの棚

リビングで使っているIKEAの棚「EXPEDIT」。収納しているのはほとんど子どものもの。

上段……娘のヘアゴム（娘の取り出しやすい位置に）、お絵かきグッズ、かるた、息子のおむつ、おしりふき、しまじろうのお勉強セット、子どもの部屋着（帰ってきたら、洗面所で服を脱いで、リビングで部屋着に自分で着替えています）。

下段……おもちゃ、絵本、雑誌、レゴ。おもちゃはほとんど子ども部屋に収納していますが、さっと片付けられる量だけ、ここに収納。絵本は、無印のファイルボックスに入れています。

そして棚の上では、癒やしのグリーンを育てています。

2015年03月09日

パントリー収納と家事のこと

天井まである我が家の一畳パントリー。使う頻度で場所を決め、ニトリで購入したボックスを利用して種類ごとにざっくり分けています。「貼れるポケット」を貼って、食材や調理器具のカードを作り、入れました（名刺やカードを入れられるポケット。中身が変わっても、紙だけ入れ替えればいいのです）。皿など毎日使うものの収納トレーには、夫もわかりやすいようにラベルを貼ってます。

私は、専業主婦なので家事は基本的に私がやっていますが、夫や子どもたちも自分でできることはやってくれます。なので、家族がわかりやすいような収納を心がけています。私が、病気して動けない日や、急な予定が入ってしまっても、いつも通りに家族が過ごせるように。

2015年03月13日

子ども部屋　おもちゃ収納

子ども部屋のおもちゃ収納を見直しました。１００円ショップ「シルク」で購入した、底にローラーが付いているボックスを利用して、種類ごとに収納。ラベルには、ラミネート機がいらないラミネートフィルムを貼って。パントリーで使っている、貼るポケットは、子ども部屋ではすぐにボロボロになりそうなので。

子どもたちも取り出しやすくなって遊びやすくなったみたい。積み木も今までは専用の箱に収納していて、お片付けのときピッタリ入れるのが大変だったので、ざっくり収納にしたら、本当に楽ちん！

次は、四月から年中さんになる娘のために、身支度ロッカーを子ども部屋に作りたいと思います。

2015年03月18日

キッチン　無印詰め替えボトル

しばらく前から、無印の詰め替えボトルに食器用洗剤を入れて使っています。見た目もシンプルだし280㎖入り、頻繁に洗剤を詰め替えなくて済むのでお気に入りです。

今回は、泡タイプの詰め替えボトル、小さめのものを買ってきました。大きいサイズを洗面所で使っていまして、見た目も使い勝手もいいので、キッチンでの手洗い用に小さいサイズを買ってきました。我が家は、二階がリビングで、洗面所が一階でして、キッチンにも手洗い用の泡ソープがあると便利なんです。

うがい用のコップも無印です。アクリルでできているので落としても割れないから、小さな子どもがいる我が家でも安心して使えます。このシンプルな感じが大好きです。

2015年03月20日

子ども部屋　身支度ロッカーと部屋全体

先日届いた無印良品のスチールユニットシェルフ。夫の帰りを待ちきれず、自分で組み立て始めたら、案の定引き出しがスムーズに動かなくて途中で諦め、おとなしく夫の帰りを待ち組み立ててもらいました(笑)。

ユニットシェルフなら、成長に合わせてポールの高さも変えられるし、パーツも豊富なのでいろんな組み合わせができるし、デザインもシンプルなので大きくなってもずっと使えるかなぁと思ってます。4歳長女と2歳長男それぞれのユニットシェルフ。引き出しの中は、日頃着る服や物だけ収納しています。まだどちらも上段は、コストコで買ってきた作品ファイルのみですが、成長と共にこの棚も埋まっていくのが楽しみです。

2015年04月01日

子ども部屋　トイレ　模様替え

先日タイガーで買ってきたのは、鳥のガーランド。２００円です！　子ども部屋の天井は、ペーパーポンポンやハニカムボールをたくさんつるしていたんですが、模様替えで全部とって、ガーランドのみにしてみました。

　ガーランドでやんわりと仕切ることで、ひとつの空間ができた感じです。子どもたちもカラフルなガーランドに大喜びでした。ペーパーポンポンは、トイレに飾ってみました。ちょっと模様替えするだけで、部屋の中が新鮮になって、おうち時間が楽しくなりました。

2015年04月08日

家事室

私の家事室です。ここで、ブログを書いたり、事務作業をしています。リビングと子ども部屋の間にあります。広さは、二畳くらいです。デスクと棚は、ＩＫＥＡのＥＸＰＥＤＩＴです。賃貸生活から使っているもので、塗装がはがれつつありますが、このスペースに測ったようにピッタリ収まったので、まだまだ現役で頑張ってもらいます！　このスペースは、リビング側にも子ども部屋側にも引き戸がついているので、来客時には、隠せます。すぐ隣に子どもたちの作業スペースがあるので、私がここで作業しながら、子どもたちの様子も見えます。壁には、子どもが描いた絵を張って。パワーをもらっています。

2015年04月20日

DIYと家庭菜園

前から気になっていた箇所を整えました。物置き代わりの土間スペース。OSB合板で、工具類を入れる箱を夫が作りました。家族で、一日家でDIYしながら、化粧もせず、のんびり過ごすなにげない週末。

私の趣味の家庭菜園では、野菜が急速に成長しています。手前から、玉ねぎ、春菊、さやえんどうです。

パワー充電できました。作業後のビールがおいしかったです♪

2015年04月23日

お金と時間をかけずにグリーンを楽しむ

我が家は、あらゆるところにグリーンを置いています。というか、増えてきてしまいました。

手がかからず育てやすい植物・第1位は、アイビーです。数年前、観葉植物の寄せ植えを買いました。最後に生き残ったのが、アイビーです。親株の鉢植えは、一年に一度、土の入れ替えはしています。伸びてはカットし、カットしたものは、花瓶に水差しにして育ててきました。花瓶の水は1、2週間に1回水を交換しているくらいですが、全部元気です。

次に、手のかからない植物は、エアプランツ。お手入れが楽ちん！ 1週間に1度くらいのペースで、ボウルに水を張って15分くらい水につけておくだけです。

▼2015年04月26日

落書き落とし

数年前から愛用している「シャーク」。水だけで掃除・除菌できる掃除器具です。私は、主に落書き落としに使っています。お絵かき中にはみ出してしまったであろうペンのインクやのり。シャークを使うと、水性ペンやクレヨン程度ならほとんど落ちます！

もうひとつのアイテムは、コストコで買った「アクアクリーン」。電解アルカリイオン水でできているので、匂いもせず食べ物にかかっちゃっても大丈夫って店員さんがおっしゃっていたので、落書き落としの他に、洗えないトースターの汚れ落としやキッチンで使っています。

▼2015年04月27日

お菓子の在庫管理

毎日、朝の掃除が終わったあとの10時と午後の3時はおやつタイムをしています♪　子どもとゆっくり向き合える時間でもあります。

私は、お茶菓子を100円ショップで買ってきた、取っ手つきのかごにカードスタンドで仕切りを作って、種類ごとに収納しています。

おやつタイムにはこのかごごと出してきて、子どもたちに好きなお菓子をふたつくらい選ばせています。

このかごの中のお菓子を優先的に食べて、ストックはパントリーにお菓子スペースを設けたことで、買い過ぎ防止につながっている気がします。

13

髙阪知美さん

KOUSAKA TOMOMI

本当に必要なものだけでコンパクトに暮らしています。

「コンパクトに生きる。」
http://compact-life.jp/

滋賀在住。会社勤めをするなか、本当にやりたい仕事と暮らし方の方向性がようやく見えてきたので退職し、その後「アリサラ舎」という名前でものづくりの仕事を始める。仕事も暮らしも持ち物も、本当に必要なものに絞ってコンパクトに。コンパクトに生きて、持たない暮らしから得られる軽やかさを心ゆくまで味わいながら暮らしています。

好きな家事は何ですか

洗濯干し、畳み。大好きなガーゼをさわっていられるので。／拭き掃除。心の整理整頓ができるから。

苦手な家事は何ですか

特になし

家族構成	家族あり
朝起きる時間と寝る時間	夏は5時台、冬は6時台起床。23時台就寝
一日のうちで家事に使う時間	自宅の一室を仕事場にしているため、朝晩以外にもこまぎれに家事をする一日を送っています。

2014年08月22日

家ご飯／一汁三菜で食の簡素化。

週末は外食することも多いですが、平日は家で自炊しています。

一汁三菜で、毎日ご飯とみそ汁が基本。五穀米ご飯にワカメと豆腐のみそ汁、おかずはキャベツとほうれん草が定番です。キャベツだけのときもあれば、トマトやきゅうり、豆腐やアボカドなどを加えたり。ほうれん草はおひたしが基本ですが、他の野菜とあえたりするときも。

あとは肉か魚をメインに一品作ります。キノコと組み合わせることも多いです。

一汁三菜という型があれば（しかもそのうち一汁二菜は基本定番）、毎日のご飯のメニューも考えやすいと実感しています。

2014年08月25日

これからの予定／小さい家に住み替える。

今住んでいるところは一軒家の賃貸。ここに住んで7年が経ちました。そろそろ、引っ越ししたいなと思っていろいろ探していたところ、住んでみたい家を見つけました。

これから住もうとしている家は、今住んでいる家よりもサイズダウンします。収納スペースも、5分の1くらいに小さい。

今の家に住み始めた頃よりかなり減らしましたが、もっともっと減らして引っ越しも身軽にできるようにしておきたいです。

引っ越しまで、これからまだまだ捨てていきます。

▼2014年09月24日

コンパクトな暮らしに応量器

陶器や磁器よりも漆器が好きです。漆器が好きな一番の理由は、使っていて楽しくなるからです。冷蔵庫に入れたり、電子レンジで使えない制約はあるものの、漆器ならではの優雅さが、おつけものやきんぴらごぼう、冷ややっこなど素朴な総菜でもさまになるのが気に入っています。

中でもお気に入りの、「応量器」は、禅僧が使用する器。入れ子式になっているのでコンパクトに収納できます。わたしが使っている「山中漆器／たに屋／応量器」は、6枚の器がセットになっています。

今は応量器以外にも大皿や鉢なども持っていますが、年老いたら今のようにがっつりと食べることもなくなるので最終的にはこの応量器だけで暮らせるかなと思っています。

落としてすぐに割れることもないので、この応量器とともに一緒に年齢を重ねてゆけることが単純にうれしいです。

磨いているわけではないのに、つやっつやで、毎日見ていてもほれぼれする美しさ。モノは少なくても、普段の暮らしで美しいものを使えるこの生活が楽しいです。

▼2014年09月30日

持たない暮らしで、暮らしを整えてきちんと暮らす。

小さめの家に住み、少しだけのもので暮らし、近所のスーパーで新鮮で安い食材を買ってきてのご飯作り。そんな日々を繰り返しても、ぜいたくをしたい気持ちにならず、日常そのものを楽しめているのが今のわたしです。

大きな家に住んでいる人や高収入の配偶者、頻繁な沖縄旅行。かつてのわたしがうらやましく思ったものです。

でも。身の丈に合ったコンパクトな暮らしにサイズダウンしていくうちに、どんどん満たされた思いになっています。

初めは、たまたまそんな気分になっているのかと思っていましたが、何年もたち、手のひらでしっかりと握りしめているような確かな思いなので、ものを捨てて捨てて捨てまくったおかげだと、今は胸を張ってそう言えます。

高野文子さんの本、『るきさん』も持たない暮らしで、暮らしを整えてきちんと暮らしていてかつ存分に暮らしを楽しんでいる主人公です。読めば読むほど、味わいのある日常を送っているのが魅力の物語。わたしにとってはシンプルライフや丁寧に暮らす雑誌や本に出てくる生活よりもとても刺激を受けました。

2014年10月07日

暮らしを整えるのは大変だからこそ小さく暮らしたい。

忙し過ぎて家がほったらかしになったり、体の調子がいまいちだったり。暮らしを整えずにいると、「よどみ」が出てきて、少しずつ、いつの間にか大きなよどみになってしまいます。庭の草がボウボウになったり、網戸や窓が汚れていたり、排水口にぬめりが出ていたり、部屋の隅にほこりがたまっていたり、季節外れのものや電化製品が忘れ去られていたり。

だけど。多少忙しくても、多少疲れていても、暮らしを整えられるようにしていきたいと思うのです。目の行き届く範囲で自ら手を動かして暮らしを整えていきたい。

だからこそ。わたしは自らの容量に合った小さめの家で必要なものだけ持って暮らしたいのです。もっと必要なものを見極めて、持ち物を少なくして、小さめの家に移りたいです。

そして小さめの家と少ない持ち物を、隅々まで丁寧に磨いて、やりたい仕事をたくさんやって、日々のご飯も思いっきり楽しみながら、生活できれば、人生最高かな。

2014年11月02日

いいタオルを少しだけ持つ。

しっかり吸い取って、早く乾いて、出先にも気軽に持って行けるよう軽くて、コンパクトなタオルはやはりガーゼに尽きるとわたしは思います。

よく売られているループ状のタオルは衛生的にしているようでも、いつの間にか小さなカビが生えてしまうことが多いです。ループ状のタオルよりは、反面ガーゼ、反面ループ状のほうが軽いのですが、ガーゼタオルのほうがもっと軽い。

肌触りがよくて、ふわふわとした感触がすきなので、オーガニックコットンのガーゼのものを愛用しています。

普通のタオルだと、洗えば洗うほどごわごわになっていきますがオーガニックコットンだと何度洗濯をしても柔らかいままなので、柔軟剤がいらないのです。

さらにオーガニックコットンのガーゼだと洗濯をすればするほど、ふわふわになって、ますます好みのタオルに育ちます。

早く乾くので、必要最低限の枚数でも十分回せます。

2014年11月12日

ガーゼケットは持たない暮らしでの最高の癒し

マッサージがなくても、アロマがなくても、キャンドルがなくても。「ガーゼケット」(アリサラ舎)があれば、身も心もじんわり温まって癒やされます。軽くて、びっくりするぐらいコンパクトになるので、年中使っている「安眠ガーゼケット」(アリサラ舎)は、実家に帰るときも、旅行や出張に行くときも、ひょいとかばんに入れて持って行きます。

寝床が変わってもいつものガーゼケットのおかげで安眠できるのです。

2014年11月16日

重い鍋をひとつだけ持って軽やかに使う。

先日、年に数回しか使っていなかった、小さな土鍋を思い切って手放しました。今。鍋といえるものはひとつだけ持っています。

小さめサイズですが、どっしりと重い鍋です。でも、たくさん持っていた頃よりも、気持ちも軽やかになって、料理にも軽やかに使えています。

土鍋でやっていた炊き込みご飯も煮込み野菜も週末の鍋料理も、今の手持ちの鍋でやっています。

その都度食べきることを意識するようになっているので大きい鍋がなくて困ることも出てきていません。

なんだ。鍋はひとつでもやっていけるんだな。

いつかは手放すときが来ると思いますが、その日までこの鍋を使い倒そうと改めて思いました。

2014年11月20日

みそ汁とご飯があれば。

たまにはパンもパスタもピザもオムライスなんかも食べます。

でも毎日朝晩のご飯は、みそ汁とご飯が基本です。

自宅の一室を仕事場にして日中制作をしているのですが裁断したり、アイロンしたり、ミシンかけしたりと（途中で気分転換に家事もして）、いろいろこまごまと動き回ります。

昼におにぎりを食べていると、夜ご飯までもつのですが、パンのときはそのときお腹がいっぱいになっても夕方小腹がすいてくる。そして何かつまんでしまう。

毎日の食の基本をみそ汁とご飯を中心にしてからのほうが、ご飯作りや結婚診断の結果や体調など、家族そろって安定したよさをキープできています。

4種類あるみそのうちひとつを使い切ったので昨夜は新しいおみそをおろしました。麹の甘い香りがぷーんとして、すごくいい香り。

わたしには好きな仕事があるので、今の暮らしではみそを仕込むことはしないけれども、米と大豆と食塩だけで作られたおいしいおみそを見つけるようにしています。

▼2015年01月05日

ホテルでの外泊を快適にする

旅行以外にも、出張で泊まったりとホテルでの外泊が年に何回かあります。

そんなときも、自宅で寝るように過ごせるためのアイテムとして、「安眠ガーゼケット」を持って行っています。

先日、年末に旅行したときにも家族分持っていきました。2メートルの長さですが、ガーゼなので畳むとコンパクトになり、おまけにとても軽いので、気軽に持って行けます。

ホテルでの寝具は、基本的にノリがパリッと効いたしっかりした感触のものなのでそこに、いつも使っている柔らかいガーゼケットがあるとてもぐっすり眠れます。

夜にしっかりと寝ておかないと旅先でも、出張先でも、日中の動きがしんどくなるので、ガーゼケットはわたしにとって大事なの外泊支度になっています。

▼2015年01月08日

小さなモノの買い替えでも相談してみる。

先日、日本経済新聞で、家族会議で家計を決めるご家庭のやり方が紹介されていました。

強く刺激を受けたのは、買ってほしいものひとつでも家族全員が参加する定期的な会議で決めていることでした。

わたしも早速少しずつ取り入れてみようと思いました。

そこで実践したひとつめがトイレに置いている時計の買い替えです。時計表示には問題ないものの、数年前に本体の一部が壊れたのでそろそろ買い替えようかな、と。

いつもだったら、勝手に買い替えてしまうのですが今年は家族にまずは聞いてみました。

すると。カタチはこういうほうがいい、色はこんなのがいい、時計表示はデジタルでもアナログでも大丈夫、次々と声があがってくる。

気軽に買ってしまえる値段のものでも、一度買ってしまえば、この先ずっと使い続けるものでもあるので、こんな風にゆっくりと買うものを選んでいくやり方は、想像以上に楽しめました。

そしてそのことが不思議と、心豊かな気持ちにさせてくれているのです。

わたしの持たない暮らしの方向性、目指すところはそういうことなんだな、と今改めてかみしめています。

▼2014年01月14日

持たない暮らしのモノ選び／タオルは選び抜く。

削ぎ落としたからといって、身の周りをすべてお気に入りのもので揃えてはいません。

〝使っているかどうか〟という目線でものを削ぎ落としていったので、お気に入りでなくとも、使い続けているものもけっこうあります。

そんな感じでありますが、毎日必ず使うタオルや寝具はお気に入りをとことん選び抜いています。

「いいタオル」は世の中にたくさんあります。だけど。大事なのは、自分が気持ちいいと思うタオルはどんなものか、それをちゃんと知った上で、気に入ったものを見つけていくこと。　わたしの場合は、こんな風に。

- 少ない枚数だけ持って使いたい→よく吸い取り早く乾くもの。
- 肌触りフェチ→安らぐような柔らかな肌触り。
- 出先でも使いたい→軽くてコンパクト。
- 柔軟剤を使わなくても、柔らかいもの
- 洗えば洗うほど、ゴワゴワにならないもの

・ムダな装飾がないシンプルなもの

それで選んだのが、オーガニックコットンのガーゼなんです。タオルから始まって、ガーゼケットも夏も冬も一年中愛用しています。

2015年02月16日

拭き掃除は心を清め、場も清まる。

日中、久しぶりに気温が上がり、素晴らしく晴れわたっていました。午前中は用事で外出していたのですが、早く自宅に戻りたくてうずうず。家中の窓を開け放ちながら、掃除に精を出したかったのです。

昼過ぎの帰宅後。掃除機は最小限にして、あちこちほぼ手で拭き掃除。

わたしの拭き掃除はいつも、アルコールスプレーにユーカリやペパーミントのエッセンシャルオイルを加えて、シュッシュッしながらホコリを取っています。

汚れやホコリもよく取れるし、拭いたあとの乾きもいいし、そこら中すがすがしい空気に包まれるのが気に入っています。

アルコール除菌スプレー×使い古した柔らかタオルの組み合わせで、初めて拭き掃除が楽しくて仕方がない心持ちになったのだと思います。本当に気軽に掃除できるのです。

持たない暮らしで広くなった部屋を、隅々まで拭いていく。すがすがしい心で生活を続けていきます。

2015年03月19日

余力があることに気づき、新しい習慣をひとつ始めた。

最近は捨てる活動がすっかり落ち着いているので、余力があることに気づき、以前からやってみたかったことをやり始めました。

それは漬け物を作ることです。生活を仕事メインにしているので簡単なことでも、わたしにはハードルが高かったのでした。

おそらく作る作業そのもの、よりも（もうすぐなくなりそうだから、今日あたり新しく漬け込んでおかなくちゃ）（そろそろ食べきらなくちゃ）とか作ることによる心配りまでも抱えることが負担に思っていました。

だけどご飯とみそ汁を食の基本とするようになってから漬物の存在価値が大きくなっていったので、人からたまにもらったり、スーパーでいつも買ったりする以外に、自家製の漬物が冷蔵庫に常備している生活がしたい、と常々思っていました。

そして今。このときをようやく迎えた、というわけです。捨て生活が安定（停滞？）している今。そうでありたい暮らしに一歩前進です。

これを機に、ひとつひとつのモノと向き合うことに注力するよりも、どういう暮らしをしたいか、していきたいのか、といったことにもっと目を向けて日々を過ごしていこうと改めて思いました。

14

みゆさん

miyu

子育てを終えてようやく丁寧な暮らしを楽しんでいます。

「Smart chic」
http://smartfoppishdays.blog.fc2.com/

埼玉県入間市在住、歯科助手50代。結婚して子どもを生んでからも、ずっと働いてきたので……バタバタと暮らしてきました。子育てを終えて、やっと暮らしを見直せるようになりました。モノに関しては昔からこだわりはありましたが、いいものを長く使っていく生活を始めました。家事はとにかく短時間にやってしまいたいので、そのためにいろいろ工夫しているつもりです。空いた時間に自分の好きなことを。この年になってやっと丁寧な暮らしを目指しているところです。

▶ 好きな家事は何ですか

洗濯。お休みの日は特に大物を洗いまくります。マンションなのでベランダでいかに干しきれるかを考えながら干すのが好きです。

▶ 苦手な家事は何ですか

アイロンかけ。肩こり症なので、アイロンかけは肩がこります。

家族構成	夫、娘
朝起きる時間と寝る時間	5時50分起床 11時半から0時就寝
一日のうちで家事に使う時間	仕事の日は3時間50分、 休みの日7時間

▼ 2012年11月06日

キッチンカウンターをDIY！

先日の連休でDIYしました！　憧れの真っ白なタイル貼り。今はタイルもシートであるんだよね。これなら素人でもDIYできる。コンセント部分を養生して、シートを貼って。1日乾燥させます。乾燥したら、目地材を水で溶いてマヨネーズよりちょっと硬い硬さにして、練り練り。目地を埋めたら、スポンジでひたすら拭いて……完成！　満足、満足！

2014年02月21日

大黒ごはん鍋、始めました!

「大黒ごはん鍋」。最近はこれで玄米を食べてます。おこげなんかもできておいしいよ。

STAUBで炊いてたんだけど火加減を見てなくてはならなくてね。これは……我が家の中強火で7分。火をつけたら7分タイマーかけてほったらかしよ! 10分蒸らしてできあがり!

ご飯がおいしくて困ってしまうわ。

そして敷いているのは、これピッタリの「松野屋」さんのワラ釜敷き。

2014年04月30日

フレンチトーストといちごのプリザーブ

今朝は娘がお腹いっぱいフレンチトーストを食べたいと言うので、作りました。生クリームはまとめて作って小分けして冷凍しておくと便利です。

ダンナを連れて食材もたくさん買って来ましたわ。増税前の悪あがきですわね(笑)。いちごがお安くなってきたので……またまた大好きなプリザーブ(砂糖煮)を!

2014年06月03日

梅しごと

今年も梅の季節がやって来ました。

夜な夜な仕込み……。今年は初めて冷凍してみました〜。いろんなところでいいと聞いたので、きび糖でつけてみました。

今年は梅シロップのみです。梅酒は毎晩のように飲んでしまって太るので止めました(笑)。でもそのうちやっぱりつけちゃった〜とか言ってるかもしれません〜。楽しみだな。

2015年01月14日

ル・クルーゼ オーバルお嫁入り

楽天マラソンでお嫁入りしてきた、白ルクちゃん。お誕生日に届きました。「ル・クルーゼ　オーバル25cm」。最初に何を作ろうか……悩み中。カレーなんか作れない(笑)。でもどんどん使ってシミも愛着わくようにしなきゃね。他の鍋は、STAUBはピコ・ココット18cm。野田琺瑯 ポーチカ キャセロール20cm。これ以外に雪平鍋が3つあります。少し整理しなければね〜!

▼2015年01月25日

Can★Doのディッシュスタンド

今年の目標のひとつ……「100均を上手に利用する!」。100均に行くと……ついつい「かわいい〜」とか言いながら無駄なものを買ってしまうのです……。100均へ行くときは時間をゆっくり取るようにしました。時間がないとついついダーッと買ってしまうから。

今日購入したのは、ディッシュスタンド。ずっと木のものが欲しかったのだけど、100均にあるのを一度使ってみようかな? と。まぁまぁ使えますわよ! 追加して買って来ましょ!

▼2015年02月24日

GLOBAL 山徳包丁

先日買った「GLOBAL 山徳包丁」、大活躍です! 柄と刃が一体化しているところで決めました。

初めて使ったときにあまりに切れるので……ビビった(笑)。今までの包丁が切れなさ過ぎだったのでしょうね(笑)、でもそこは長年主婦をやってるので、うまく使ってたんだよね(笑)。

まぁ〜これはトマトもきれいに切れる! 玉ねぎもスライサーを使うのが面倒だったのだけど、最近はこの包丁で切っちゃいます。

2015年03月06日

タダフサのパン切り包丁

楽天スーパーセールで買った、タダフサのパン切り包丁が到着。

早速切ってみると、本当だ！ パンくずが出ない！

波刃ではなくて、キレ味の鋭いタダフサのパン切り包丁。柔らかいパンはつぶさずに、固いパンも、先端部の波刃できっかけをつくって、すっと切れるのです。研ぎ直しもできます。

柔らかい食パンもキレイに切れました！ 先日買ったGLOBAL 山徳包丁とともに大事に使っていきたいふたつです。

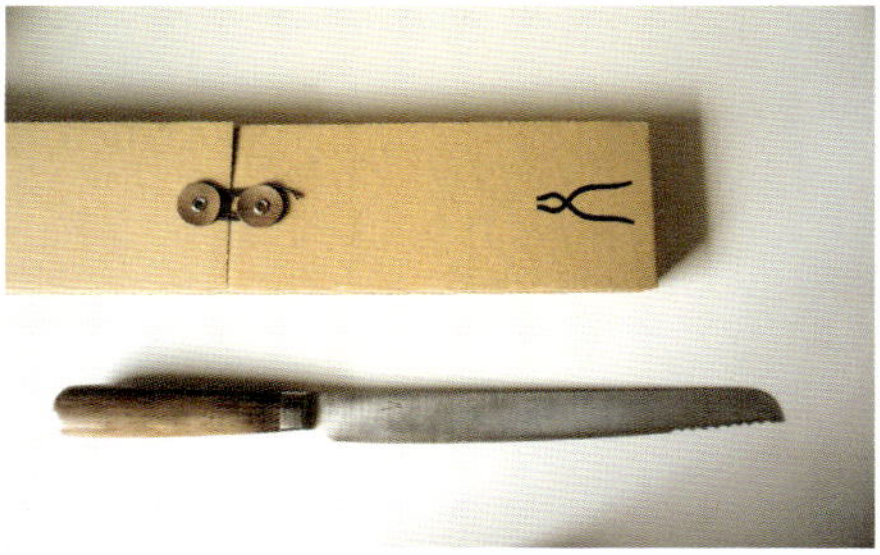

2015年03月18日

今週の常備菜と鶏ハム

お料理が苦手な私は……いや……嫌いな私は、いかに短い時間で夕食を作るか……結婚してからずっと仕事してるので、新婚のときからまとめ買いです。

今日のあさイチでも、買ってきた食材は袋から全部出して切ってしまう、とやっていました。そうそう、それやると、あとが楽ちんです！ とにかくスーパーから買ってきたものを、そのまま冷蔵庫に入れない。袋から開けて、処理してからしまうとかさが減るし、手間も省けます。その後一気に常備菜を作ります。

鶏ハム、初めて作ってみました！ 端っこを食べたら……これはおいしい！ べらぼうに簡単です（笑）。白ルクちゃんが大活躍でした。

▼2015年03月19日

無印良品のワイヤーバスケットとファイルボックスで

無印良品のファイルボックスを購入。棚がスッキリしました。カード類や、趣味のハワイ関連、お料理ファイルなどが入っています。

ワイヤーバスケットは、瓶の収納に。

もっとスッキリ持たない暮らしを目指したいけど……なかなか。

▼2015年04月05日

今週の常備菜

今週の常備菜。春巻き、ピーマンの肉詰め、アスパラの豚バラ巻き（←今週のとりあえず肉巻いとけシリーズ）、にんじんシリシリ、れんこんのきんぴら、れんこんの甘酢漬け、マカロニサラダ（ダンナはこれがあれば文句なしの安上がり）、いんげんのごま和え、切り昆布の炒め煮、うずらのゆで卵。

我が家の春巻きは……じゃがいもと玉ねぎとベーコンです。揚げたてはほっこりじゃがいもがたまらなくおいしいのです。冷めてもいいし、お弁当にも。チーズ巻きも一緒に。

切り昆布は我が家はみんな大好きで。そのままかつお節をかけて、おしょうゆでいただくのも大好き。安上がりな家族です（笑）。

15

さえさん

Sae

モノと向き合うことで、暮らしを考えるようになりました。

「モノと向き合う　暮しを考える」
http://monokurashi.com/

温暖な瀬戸内で主人とふたりで暮らしています。断捨離と出会ってモノと向き合うようになり、どこか雑然としていた部屋が片付くにしたがって暮らしのあり方、家事との向き合い方が変わってきて、日々が過ごしやすくなりました。趣味で野菜も作っています。

好きな家事は何ですか

料理。昔から「なにかを作ること」が好きだったからでしょうか、料理も「作る」作業なので楽しいです。／ガーデニング。子どもの頃から花が大好きでした。庭の手入れをしていると時間がたつのも忘れます。畑も借りています。

苦手な家事は何ですか

掃除かな？　面倒くさいと思ってしまうのです。

家族構成	主人とふたり暮らし
朝起きる時間と寝る時間	7時半起床　1時就寝
一日のうちで家事に使う時間	3〜4時間

2014年08月21日

「押し出し法」で着ていないものを把握する

最近のクローゼット管理の方法。洗濯をした服をクローゼットの手前（取りやすいところ）にかけるようにしています。ワンピースもスカートもパンツもシャツもチュニックも、種類分けはせずにとにかく手前にかけています。

そうすると奥のほうに着ていない服が押しやられていきます。嫌でも視覚化されるので、手放すかどうかを考えるきっかけになります。確か野口悠紀雄さんの『「超」整理法』のファイル（紙もの）の整理がこんなやり方だったのではないかと思います。夏が終わったらTシャツ類をごっそりと手放そうと思っているので、やっと第1目標の「100枚以下」になりそうです。

▶ 2014年09月05日

モノを手放してみて……他人の価値観に操られていた私

▶ 2014年08月27日

モノを手放してみて……洋服編

2014年09月12日

モノを手放してみて……必要なものが入ってくるワケ

不要なモノを手放すと必要なモノが入ってくるようになると言うけれど
？そーなの？？
最初は半信半疑でした
捨てて捨てて捨てまくってみると――
どりゃーっっ
これかわいいけど…前なら買っていただろうな
欲しいと思うモノがなかなかないな
まあ　あれだけ捨てたら買物は慎重になるよ
これは使うから買うの
確かに「必要なモノ」が入ってくるようになりました

2014年10月14日

押し入れを空っぽにして

我が家の年末大掃除は、押入れの中のものを全部出して拭きあげることから始まります！

押し入れの中も、意外とホコリがたまっているし、無造作に入れたまま忘れてしまっているもの、不要になったものが入っていないか確認するためといった感じでしょうか。年末大掃除は押し入れの汚れを取り除いてモノの確認をするいい機会なのです（まだ年末には少し早いですけれど）。

モノを全部出して固く絞った雑巾で拭きあげます。大変だけどやったあとはサッパリと気持ちがいいし、持ち物の再確認ができるのがいいですね♪

2014年11月22日
クローゼット収納を見直して新たな目標を立てる

今日はカラリと晴れていたので、タンスの引き出し、クローゼットの中のものも全部出して拭き、乾燥させました。ホコリがすごかったです。こういうのを見ると、大変だけど少なくても年に一度はきちんと掃除をしようという気になります。

いつかこのタンスにすべての服が収まったら、取り出すのもラクで気持ちがいいだろうなと思います。具体的な目標があるとわかりやすくて頑張ろう！ってやる気がわいてきますね。服の枚数、ただいま87枚。

2014年11月26日
「全部出す」ことの効果

2014年12月22日

年末大掃除〜冷蔵庫だって動かします

先日、年末大掃除でタンスと本棚を動かして掃除しましたが、今日は冷蔵庫も動かしました。冷蔵庫はキャスターがついているので楽です（コンセントは差したままです）。

私にとって年末大掃除とは、普段なかなか手が回らないこういったところの掃除をやること、そんな位置付けになっているような気がします。ついでに棚の中も拭きました。クローブ精油を数滴水にたらしています。ゴキちゃんが嫌う匂いなのだそうで。冷蔵庫裏と違ってこちらは時々拭いている場所ですが、それでも年末に拭きあげると、やっぱりさっぱりとして気持ちがいいです♪

2014年12月28日

年末大掃除〜洗濯機の下はドロドロです

年末大掃除では洗濯機だって動かします……夫が（笑）。洗面所は服の脱ぎ着をするだけにホコリが出やすい場所です。手が届くところは掃除機で吸ったり、拭き取ったりはしているのですが、奥のほうに入り込んでしまうとどうにもなりません。ホコリ以上に汚れがすごいのが排水トラップです。

手順は（夫から聞きました）……。

洗濯機を動かす→ホコリ等の汚れをざっと取る→洗濯機のホースを外して排水トラップを洗う（今回はキッチン泡ハイターを使用）→ハイターをしている間に洗濯パンの汚れを拭きあげる→回りの壁や洗濯機本体も拭く。という感じ。

もう少しマメに掃除をしたほうがいいなあとは思うのですが、今は年に1回です。

2015年02月20日
続けられるように工夫をしてみる

胃弱の私。甘酒は「飲む点滴」と言われるくらい栄養豊富なので、積極的に摂りたいのです。希釈タイプの甘酒を日本酒で溶き伸ばして塩を加え、しょうゆ麹を入れた漬けダレを作り、ブリと、鶏モモを漬け込んでみました。鶏モモのほうにはさらにすりおろししょうがもプラス。

ブリは夕飯で、鶏モモは味がしみたあと、小分けにして冷凍して、私のお昼ご飯用。甘酒＋酒＋塩＋αの漬けダレにすっかりハマっています。麹の作用で旨みが増して料理がおいしくなるのがいいですね。

お昼ご飯を食べて、少しだけ料理の下ごしらえをしたら、お散歩に行く。この流れが私にはピッタリ。少しずつ。ひとつずつでいい。日々の暮らしがよいものへと変わっていけるように、工夫をしていきたいです。

2015年03月06日
モノが増えた玄関～グリーンに癒やされて

最近、玄関にモノが増えました。といってもグリーンなのでうるさい感じはありません。

年末に飾ったしだれ柳がまだ健在です。右端の白い植木鉢、パキラちゃんは葉っぱが全部落ちてしまいました。剪定予定です。パキラはどこで剪定をしても芽が出てくる優秀な子♪

夏にはきれいな姿に戻ってくれることを願って。そして最近仲間入りしたのが、2種類のエアプランツと多肉植物。

今は玄関に行くだけでワクワクしてしまいます。植物大好き♪　手放すことばかりを考えていた日々から、暮らしを楽しむ日々へ。少しずつですが家の中が「自分にとって癒やされる空間」になるように、整えていきたいです。

16

izu_aさん

izu_a

家族も自分も居心地のよい家を目指しています。

「わたし時間」
http://izua.exblog.jp/

東海地方在住、30代主婦。家族はもちろん、自分自身も居心地がよいと思える家を目指して「上手く暮らす」ことを目標としています。物選びで大切にしているのは、悩んだら買わず、家で収納場所や物のイメージを固めてから購入すること。花や枝などの植物は、水替えが苦にならず、楽しくできる量に。1日の終わりはリビングを整えます。そのおかげで朝が気持ちよく迎えられます。

▶ 好きな家事は何ですか

玄関掃除。家族を見送ったあと、お気に入りのほうきで丁寧に掃き、そしてまた家族を迎えます。すがすがしい気持ちになる場所でもあります。

▶ 苦手な家事は何ですか

アイロンがけ。とにかく苦手。

家族構成	夫(30代)、娘(7歳)、息子(2歳)
朝起きる時間と寝る時間	6時起床。子どもを寝かしつける場合は21時。その後、起きられたら24時就寝。
一日のうちで家事に使う時間	2〜5時間ぐらい

▼ 2013年11月19日

トレイを置くことにする

ダイソーで買ってきたトレイ。シンク内にあった洗剤と、「マーチソンヒューム」を置くことに。マーチソンヒュームは今まで、背面収納の引き出しに収納してありましたが、息子の食事のたびにテーブルや椅子を掃除しなければならず、面倒なので手の届く場所へ。使いたいときにすぐに手が届く快適さ。

トレイを置く前はこのふたつが離れたり、それぞれ違う場所に置かれることも多々。居場所を決めるとスッキリ。

▼2013年11月23日

トレイを使う収納

コーヒーセットと湯飲みセットにもトレイを使っています。湯飲みの下には、「びわこふきん」を敷いて。キッチンの背面収納に置いています。

▼2014年07月18日

キッチンエコスタンドを使う

この時期、家族分の水筒を洗うのが日課になっています。衛生面を考え、しっかり乾かしてから片付けたくて購入した「キッチンエコスタンド」。水筒、ペットボトルを乾かす以外にも、ゴミ袋として使っています。折り畳んで小さくなるので、収納にさほど場所を取らないのもうれしいところ。もっと早く買えばよかった〜なんて思うほど活躍しています。

16:izu_a

▼2014年10月25日

フレディ・レック・ウォッシュサロンの物が届く

ドイツにあるコインランドリー、「フレディ・レック・ウォッシュサロン」の洗濯かごとトートを購入。

トートはひもでしばれて中身が落ちない、丸見えにならないのがうれしいところ。白なので汚れが目立ちそうですが、ガンガン洗えそうなところもいい。

以前の洗濯かごは知らぬうちに娘と息子（と夫）が遊んでいて、取っ手部分が半分ほど破れてしまいました。それで今度はフレディ・レックのランドリーバスケットに。高さがあるのでたくさん入ります。シンプルでかわいくて。早速、うちの洗面所へ。

▼2014年11月08日

ラッセルホブス電気ケトルが届く

「ラッセルホブス」電気ケトル（0・8L）が届きました。実物を見て確認をしていましたが、実際に家に置いてみると、小さく小ぶりに感じました。

蓋はお湯を注いでも、びくともせず安心です。なので、外すときはやや力を必要とします。内側のMAXのところまで水が入ります。お湯のわく音は静かではありませんが、前に使っていたのと同じような感覚で違和感もなく。

何より細くお湯を注ぐことができて、ドリップに使いたくてこちらを選んだので快適、満足。インテリアを邪魔しないシンプルな見た目も、目に入る場所に置けていい。

2014年11月20日

ケースを使ってキッチン用品を収納

ジップロック、ポリ袋、手袋、ワックスペーパー。白黒モノトーン雑貨専門店「mon・o・tone」の収納グッズでまとめたキッチン用品。4つ購入し、それぞれ収納。かなりスッキリしました。しかも、取り出しやすい。片手でスッと取り出しやすく整った姿は本当に気分が上がります。

ラベルライター「ピータッチ」でラベリング。見た目も美しく、きれいに整いました。

2014年12月27日

ゆる粕生活を始める

帰宅が遅く、お昼ご飯も食べる時間がなかった、なんてことが度々ある夫の、健康が気になっていました。

以前から酒粕がよいことは耳にしていたので、『「酒粕」で病気知らずになる ゆる粕レシピ』(池田書店)を購入してみました。酒粕を水で溶くだけで、使いやすいゆる粕の完成です。早速、いつものみそ汁に子どもの分だけ取り分けたら、夫とわたしの分に大さじ1を入れました。もともと、粕汁が好きなわたしは、いつものみそ汁がとてもおいしく感じました。

酒粕が苦手な夫。この本を見て、改めて、「酒粕は嫌い」と言っていましたが、このゆる粕を入れたみそ汁は気が付いていないようでした。なので黙っておきましたが、普通は気が付くと思います(笑)。他にもいろんなレシピがあるので、少しずつ取り入れたいと思います。

2015年01月09日

娘の部屋にパピエポンポンをつるす

娘の部屋を少しだけ明るく、女の子らしい部屋にしたくて購入していたパピエポンポン。

30cmと20cmをひとつ、15cmを3つ。色を悩み、小さなサイズを3つ購入していたので、娘に選ばせて。天井からつるしました。元通りに閉じて収納できるという点が、気軽に楽しめるかな、とは思います。

もともとあった、蝶のモビールはそのままで。娘もとてもうれしそうにしていました。

2015年01月21日

ぬか漬け生活を始める

ぬか漬けを再び始めました。「たね坊のぬか床」で購入。届いてすぐに漬けられるので、とっても便利。

無添加で安心、そして毎日のように混ぜなくてもいいのもうれしいところ。かぶとにんじんを早速。かぶは翌日、にんじんは2日間漬けてみましたが、どちらもおいしくできあがりました。

子どももぬか漬けにするとたくさん食べるので、子どもに合わせて塩分を控えめに調整しつつ、いろんな野菜を漬けてみたいと思います。

▼2015年03月22日

無印良品のファイルボックスが並ぶ

無印良品のネット便で到着した、ポリプロピレンファイルボックス。ワイドと組み合わせて、5つほど。キッチン横にある収納スペースに。

この右側のスペースは、さほど頻繁に使用しないものを。左側は子どもが使うハサミや筆記用具などの頻繁に使うものを収納しています。

ラベリングもしっかりと。誰が見てもわかる収納を心がけています。パッと見てどこに何があるのか一目瞭然なのはやっぱり気持ちがいいし、ストレスフリーです。

▼2015年04月19日

ambaiの玉子焼き器が届く

1000円足らずで買ったテフロン加工の玉子焼き器に、限界を感じ数ヶ月。次に買うなら、使い捨て感覚ではない鉄の物にしようと決めていて……「ambai」の玉子焼き器を購入。

チーク材のハンドルも決め手に。きれいな木目と温かみのある雰囲気、これだけで苦手な料理に少しテンションがあがります。鉄そのものに加工が施されていて、フッ素加工やテフロン加工などのコーティングはされていないそうです。

早速、玉子焼きを作ってみましたが、ジュッと音を立てるいい音に感激。ずっしりとした重さがあり、IHにのせたときの嫌な音もなく、焦げ付くこともなく。初めての鉄の物にドキドキしていましたが快適に作れました。

17
トモさん
Tomo

ひとり暮らしでも毎日の家事はきちんと楽しく。

「Tomo's daily life!」
http://tomosdailylife.blog31.fc2.com/

お弁当・家事・家計簿etc。節約したいひとり暮らし女子の暮らしぶりをブログで公開中。ひとり暮らしでもきちんと暮らしたいです。楽しめればなおよいですよね。毎日のお弁当、節約の工夫、いつもの家事。ブログで更新してると、張り切ってできてます！

好きな家事は何ですか
お弁当を詰めることです。あの小さな箱に、おいしそうになるように、かわいくなるように詰めていくのっておもしろいです。さらに、お昼になってお弁当を開けるのが楽しくて、食べるとおいしくて、だから気持ちもゆるんで、弁当は心のオアシス。節約にもなっていいことばっかりです。

苦手な家事は何ですか
お弁当を詰めるのは好きなのに、実はお料理はそんなに得意ではないです。週末に作り置きして、お弁当やご飯の支度が楽になるようにしています。

家族構成	ひとり暮らし
朝起きる時間と寝る時間	7時15分起床。12時就寝
一日のうちで家事に使う時間	平日は1時間くらい。週末は半日くらい

2011年11月13日
自分用週末家事セットを考案

やらないといけない家事、今日もできなかったってことがけっこうあって。なんとかしたい……と読んだのが、池田暁子さんの『1日が見えてラクになる！時間整理術！』（メディアファクトリー）。その中で家事の「朝セット」「昼セット」というのがいいな！と。それで、自分用に〝週末家事セット〟を考えてみました。

〈土曜日　朝の家事セット〉
ダスキンモップがけ&掃除機（10分）／洗濯物干す（10分）／ふとん干す（5分）／玄関掃除（5分）／トイレ掃除（10分）

〈日曜日　夕方～夜の家事セット〉
お風呂場&洗面台掃除／キッチン関連の除菌&漂白／平日やらないお肌の手入れ←家事じゃないけど（笑）。／遊ぶ予定があったり疲れてたら、思い切ってやめる。

〈2週間ごとの家事セット〉
シーツの交換→パットシーツの交換を1週間ごとにローテ。

〈3ヶ月ごとの家事セット〉
網戸掃除→窓ふき→洗濯機クリーナー→床拭きをローテ。

これをやっていけば暮らしが向上しそう！

2011年12月11日

手作りメモ帳

ぺりぺりはがせるメモ帳は、手作りしてます。コピー用紙を6分の1にカットして束にし、一辺にのりを付けます。のり付けしたところに、ティッシュペーパーを貼り、指でこするように、しっかり押さえ付けます。重しを乗せて、乾くまで放置。乾いたら、ティッシュペーパーのはみ出した部分を切り取ります。かわいいのが欲しくて、はんこをぺたぺた。

わたしはわりとメモるほう。買い出しに行くときは、メモってから行かないと、たいてい買うべきものを忘れて帰っちゃいます。あと、ドラッグストアのポイント2倍デーになったら、買うべきものを、思いついたときにメモしておくとか。2倍デーまではドラッグストアに行かない(笑)。

2013年08月24日

段ボールとマスキングテープのドアプレート

うちは、玄関を入ってリビングまでに、寝室、トイレ、納戸、洗面所……と、同じドアが続いてて。お客さんが一目でわかるように、ドアプレートがほしいなあと思っていました。

ネットでかわいいドアプレートも見つけたんだけど、ふと、手作りすればいいのかー、って気が付いたんですよね。それでつくったのがこちら。2枚同じ大きさにカットした段ボールに「TOILET」とスタンプして、2枚の間にたこ糸を挟んでから、のりで2枚をくっつけて、最後にぐるりとマスキングテープをしたもの。

お客さんには、「トイレには、ドアのところに〝TOILET〟をかけてるよ」って案内できるようになりました。

2013年09月07日

サンスベリアを植え替えてもらった

うちには観葉植物をひとつ置いています。買って5年になる「サンスベリア」。だいぶ成長したよなあー、と気になってたんですが、お花屋さんで植え替えを頼めるということがわかって、初めて植え替えをしました。ずっとほっておくと、見えている葉の部分からは想像つかないほど、根が増えて、鉢の中はパンパンになっちゃうんだそうです。

全体の3分の2を、もとの鉢に戻してもらい、あと残る3分の1は、別の鉢に株分けしてもらいました。ちなみに、今回のこれは、新しい鉢代も入れて6300円でした。なかなかかかるもんですね。でも自分で植え替えは自信ないかな。

2013年09月17日

大物クリーニング依頼

敷布団を水洗いのクリーニングに出しました。ドライではなくて、水洗いに出したいと思ってタウンページで調べたら、ちゃんと市内に業者さんがありました。引き取りに来てもらったときに、思いついて、ずっと洗っていなかったラグのクリーニングができるか見てもらったらできるとのこと。洗濯表示が、「手洗い×」「ドライクリーニング×」だったので、どうしたものかと思っていたのです。

敷布団は4000円、ラグは2000円でした。わたしのささやかな夢は、ローンを返し終わったら、素敵なベッドを買うこと。今はすのこon調湿シートon敷布団生活してます。ベッドを買うまでは、もうちょっとこまめに水洗いのクリーニングをしたいものです。

2014年04月27日

ニットやドライマーク衣類の洗濯

たくさん洗濯しました。洗濯機でする洗濯と、つけ込み洗いの手洗い洗濯と。

ニットやドライマーク衣類は、面倒くさいけど、毎回家で手洗い。クリーニング代をずいぶんと節約できてると思います。花粉が少々気になるので、部屋干しです。手洗い×のドライマーク衣類でも水洗いできちゃうという、素晴らしい洗剤「サンスター　ドライアップ」。スバラシイ洗剤。お世話になりっぱなしです。

この冬に購入したダッフルコートはクリーニングに出したけど、以前10年近く着てたコートの方は、これで洗っちゃいました。

平らに干せるネットも重宝しています。水洗いはほんとすっきりきれいになるし経済的だし、ずっとこの方法で洗っていくつもり。

2014年05月21日

ボックスシーツのたたみ方

増税前にベッドを購入して、4月から憧れのベッド生活が始まりましたー。で、シーツの洗濯とあいなりまして、さてこのシーツ、どうやってたたむの？　って思って調べたら、ネットにたくさんありました。「ボックスシーツ　たたみ方」で検索です。

4つの角のうち、ふたつずつ角を合わせて、角にしまい込む。角がふたつになったら、さらにふたつの角の片方をもう片方にしまい込む。すべての角がひとつの角にまとまったら、長方形に整える。長方形の形になったら、あとは普通に四角くたためます。ベッド派の方にとっては、これって常識ですかね。わたしは、こんな形のものがきれいにたためちゃうのがちょっと楽しかったし感動すら覚えましたー（笑）。

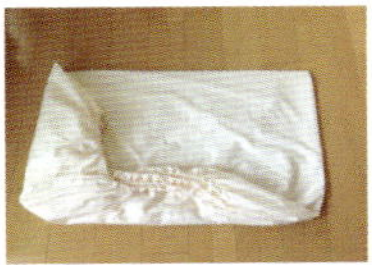

2014年11月02日

ソファカバーを洗濯

ソファカバー洗濯、目標は半年1回の洗濯。前回は7月に洗濯してました。おぉー、目標より早くなってます。

朝、カバーを外しつつ、浴槽に水を張り、洗濯液を作ってカバーをつけ置き&押し洗い。洗濯機で脱水→浴槽ですすぎ×2セット。最後の脱水して、干して。今日のお洗濯でも「サンスター　ドライアップ」を使いました。

ソファカバーの洗濯って、なかなかの労働。でもクリーニングに出すより、仕上り早いし、すんごい節約だし、なので頑張ります。干すところまでで午前中いっぱいかかっちゃいました。今日のうちに乾くかな、どうかな。

2014年12月23日

2014年末することリストの進捗

今年の年末もやる気の神様はいてくれました。

〈19日までに完了したこと〉「おひとりさまっと（ひとりぶんのスペースをあったためてくれるマット）」洗濯、空気清浄機掃除

〈20、21日に完了〉年賀状作成／ベランダ掃除／窓&網戸掃除／レンジフード掃除／食器棚掃除／電子レンジの掃除／お風呂の掃除／洗面の掃除／冷蔵庫の掃除

〈まだしてないこと〉キッチンの収納整理（あと半分）／シンク掃除／洗濯機クリーナー入れて回す／床の雑巾がけ

今年、ベランダには「マジックリン」を使いました。窓も網戸も「マイペット」。キッチンには「水の激落ちくん」。少ないモノで暮らしたいですが、洗剤関連はうち、たくさんの種類を置いてます。強力な洗剤はやっぱり早くきれいになります。

2015年01月25日

持っている服の枚数

1月は、バーゲン、非バーゲンとで服を4枚買いましたが……買い終わったところで、『フランス人は10着しか服を持たない』（大和書房）を読みました。バーゲンで買い物してから読むなんて、順番逆でしたよー！

こんまりさん流の片付けで、ときめく服だけを残す、ということをしていて、どれを着てもいい気分になれる毎日になってきたけど、フランスの素敵マダムは、もっともっと厳選されたワードローブで、同じ服を週に2回とか着ることがあるそう。それがフランスではよくあることなんだそうで。

ちょうど、クローゼット管理アプリ「XZ」にはまっていたので、この秋冬シーズンの服をぜーんぶ登録！　何枚服を持っていたかというと（平日に、会社用の服のみ）。

インナーになるトップス8枚／カーディガン（ニットカーデも入れて）5枚／ニット3枚／シャツ2枚／ジャケット2枚／スカート7枚／ショートパンツ1枚／ワンピース1枚

登録しているうちに、いつも同じ服の組み合わせだったのが、手持ちの服のなかから、新しいコーデを3つ開拓できました！　これからは、服のおしゃれを、少ない枚数で楽しむ、ということを心がけていきたいなって思いました。

2015年04月22日

鶏ささみの明太子はさみ焼き弁当

お弁当を詰めるのが大好きなわたしですが、お料理はそんなに得意ではないのです……。

今日のメニューは、鶏ささみの明太子はさみ焼き／玉子焼き／レンジピクルス／ゆでスナップえんどう。

メインおかずは初めて作りました。辛子明太子をはさんで、焼いただけで、なんと調味料いらず。はさむときは、明太子はこんなにちょっとだけ？　と思ったんだけど、食べてみたらちょうどよいお味だった。こうやってカットすると、明太子をけっこうはさんでるようだけど、ほんとにちょっとしかはさんでないのだ。

18

りこさん

Riko

アジアの南の島で シンプルなことを 丁寧に楽しむ暮らし。

「コト、モノ、時間。」
http://kotomonojikan.jugem.jp/ （2015年1月〜）
http://riko-diary2.blogspot.com/ （2011年〜2014年）

海外在住、主婦兼デザイナー、40代。暮らしも仕事も趣味も「シンプルなことを丁寧にこなす」を心がけて暮らしています。趣味は洋裁。特にリネンの服を作るのが好きです。外より家が好き。

好きな家事は何ですか

洗濯。柔軟剤の香りに包まれると幸せを感じます。／パンやお菓子作り。オーブンから流れてくる香りにこれまた幸福感です。

苦手な家事は何ですか

掃除機がけ。音がうるさくて大嫌い。もっと静かな掃除機があるといいのに。

家族構成	夫とふたり暮らし。
朝起きる時間と寝る時間	6時起床、10時就寝
一日のうちで家事に使う時間	1〜2時間くらい

2013年04月18日

肩こりが楽になるタオル枕の作り方。

肩コリ・首コリ、わたし、けっこうあるのです。

肩コリと枕、っていうのはものすごく深い関係があるらしいので、あれやこれやと試してみたのですよ。そして行き着いたのは、タオルで作る枕。作り方はとても簡単。切ったり縫ったりはナシ。

同じ大きさのバスタオルを3枚用意して、手前のくるくるしたところに首を乗せて眠ります。これに変えてからというもの、今までの枕はなんだったんだ？ってくらい。

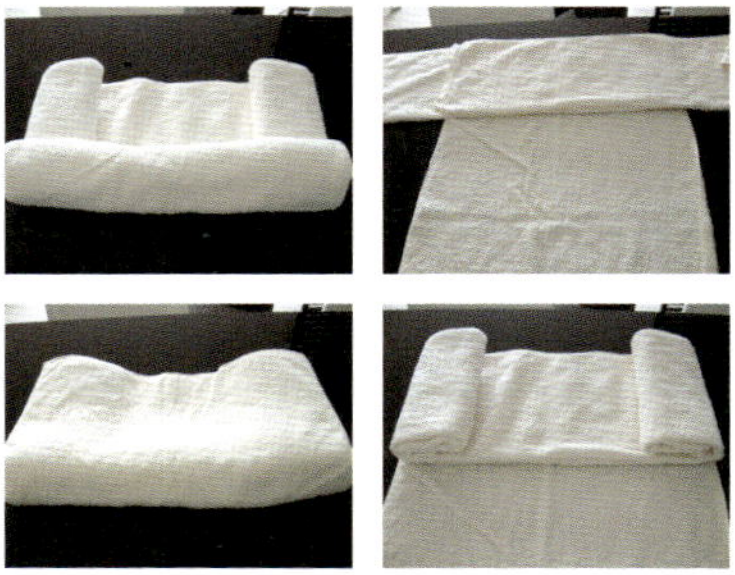

2013年05月01日

古新聞で湿気取りの作り方。

ウチの湿気取りです。新聞紙をクルクル丸めて、ペーパーロープで3本まとめてます。新聞紙って、室内の湿度が高いときは湿気を吸収して、湿度が低く乾燥しているときにはためていた湿気を放出する。優秀なのよ、新聞紙って。わたしの住んでるこの島は、常夏で湿度もわりと多いのです。なので、家中のあらゆるキャビネットやクローゼットや引き出しの隅に、このエコ湿気取り。

使う場所によって、サイズを自由にできるのがいいトコロ。吸湿剤が入れられない小さな引き出しにも。一番小さなサイズは、そのまま靴の中にすっぽり入れたりもしますよ。

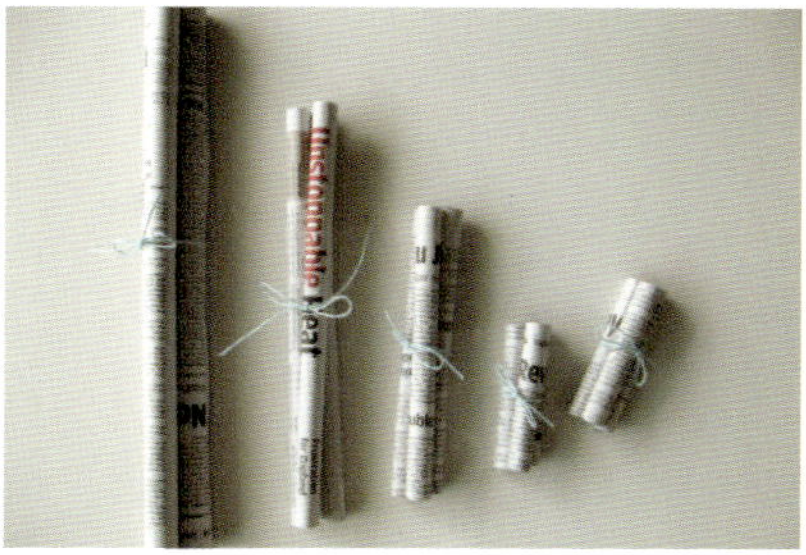

2014年02月01日

節約キッチン。

芽が出てしまった玉ねぎ。使うにはう〜ん、捨てるにもう〜ん、という感じで、育ててみました。うまくいけば、節約キッチンガーデニングになるかなと。こちらでは、ニッポンの長ねぎは日本食材店にしか売ってないし、それもけっこうなお値段なのです。

毎日お世話をしているうち、食べるのにためらってしまいましたが、先日意を決して、そうめんの薬味と、納豆に刻んで入れてみました。味は万能ねぎと長ねぎの中間のよう。

万能ねぎなら、その辺の市場でもスーパーでも売っているのだけれど、使いたいときに、いつでも新鮮なのがそばにあるって、なんかいいものです。

2014年02月02日

4年目のリネンのクロス。

使い続けてかれこれ4年目の我が家のリネンクロスたち。愛着たっぷり。使っている本人以外には、ただのボロ雑巾にしか見えないかもしれないけれど、洗濯を何度も何度も繰り返されたリネンは、肌にしっくりなじみ、もうこの感じはたまらなく気持ちがいいものです。使い始めは、テーブルでランチョンマットみたいに使っていました。あと、フルーツのバスケットに掛けたりとか、焼き立てパンに掛けたりとか。そして、洗濯を重ねて十分柔らかくなった頃からは、台所では水仕事の手を拭くタオルの代わりに。洗面所では、手を拭いたり顔を拭いたり。

リネンは吸水性も抜群で(コットンの4倍らしい)、その上すぐに乾いちゃう。だから雑菌も繁殖しづらくて、ほんとうに優れた布だと思います。

2014年02月17日

自家製の。

ベランダで摘んだバジルを、ドライにしました。お料理によっては、フレッシュバジルよりもドライのほうが使い勝手がいい場合もあるので、常備しておくと便利です。

葉っぱを、レンジで乾燥させたあと、すり鉢で砕くときの、ぱりぱりさくさくの感じがたまりません。瓶に詰めると、あんなにあった葉っぱがこんな少量に。

自家製って、楽しくて愛おしい。

2015年01月03日

古いバスタオルをリメイク。

今夜は夫関係の新年会に同伴出席の予定。おいしいものはあるのだろうか？ 気になるのはそこだけだ。

さて、今年最初のハンドメイド。古くなったバスタオルを、ジョキジョキ切ってバスマットに。だいたい、年に一回くらい作っています。一枚の大判バスタオルからふたつ作れます。

フチは色違いの水玉で。二枚重ねなので、吸水性も抜群。早速今までのを捨てて、今日から使います。

2015年01月26日

エコな掃除を楽しむ。

曇り空の月曜日の朝。落ち着くな、快晴よりも。洗濯干して、一息、コーヒータイム。

年末に、作ったアクリルたわし。洗面台にしばらく使ってみた結果、いい、すごくいい。ホントに洗剤ナシでもピカピカ。蛇口も鏡も軽くこするだけで大丈夫。

なのであまってたアクリル毛糸で、エコたわしを再び編んでます。10㎝角の正方形が一番使いやすいです、わたしの場合。編み方は、細編みできっちり目で。

あと、色はやっぱり白っぽいほうが衛生的だと思われます。手も荒れず、洗剤要らず。地球にやさしいエコたわし。

▼2015年01月27日

おしゃれでエコなハンドソープ。

使用中の「method」のハンドソープ。洗剤類のパッケージってデザイン性がいまいちなのが多いけど、ここのはそうじゃないので、ついつい手が伸びてしまうのです。すっきり、シンプル。無駄な文字やpop的な宣伝文句が書かれてないっていいと思うの、とても。

さらに、環境にも手にも優しいエコ洗剤。食器用や住まい用の洗剤もここのは本当にかわいいデザイン。毎日使うモノだからこそ、使っててうれしかったり楽しかったり、そんなわくわくするデザイン、もっと増えればいいのに。

使ってる緑色はグリーンティーの香り。いい香りです。

▼2015年02月01日

塩レモンを仕込む。

友人の親戚のお庭で採れたというライム、またいただく。レモンより酸味が少なくマイルドです。

もぎたての新鮮なうちに、早速仕込み、仕込み。

赤い蓋のは砂糖漬け。無農薬なので、皮ごと食べます。消費期限は3日間。

ラップの蓋のは、塩漬け（砂糖も少々）。ニッポンではやってる（た？）塩レモンをライムで。こちらは発酵させるので、使えるのはひと月後くらいかな。前回は、すぐ冷蔵庫に入れて失敗したので、今度こそ。

2015年02月21日

朝時間の楽しみ方。

目覚まし時計がなくても、自然と早起きできる朝。最近、そんな朝が増えてきました。

今日は5時起床。外はまだ真っ暗だけど、ちょっとぼんやりしてからお水を飲んで、コーヒーを入れて、薄明かりの下、さぁ朝読書。

しばらくちっともやってなかった、英語の勉強を兼ねて、アマゾンのタブレットKindleで、頑張って洋書を読んでます。わからない言葉は長タッチすればKindleが教えてくれちゃうの。

こんな朝時間、できれば毎日楽しめたらいいのだけれど、今のところ週に3日くらい。無理せず、自然にまかせて楽しんでいけたらな、と思うのでした。

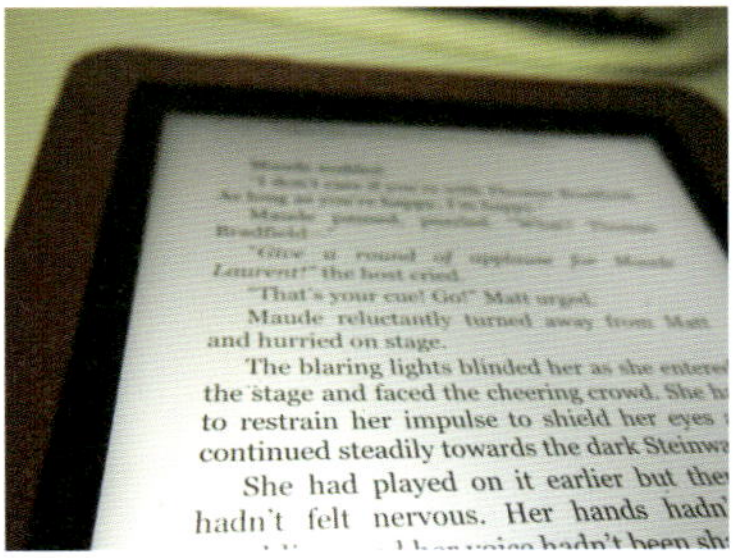

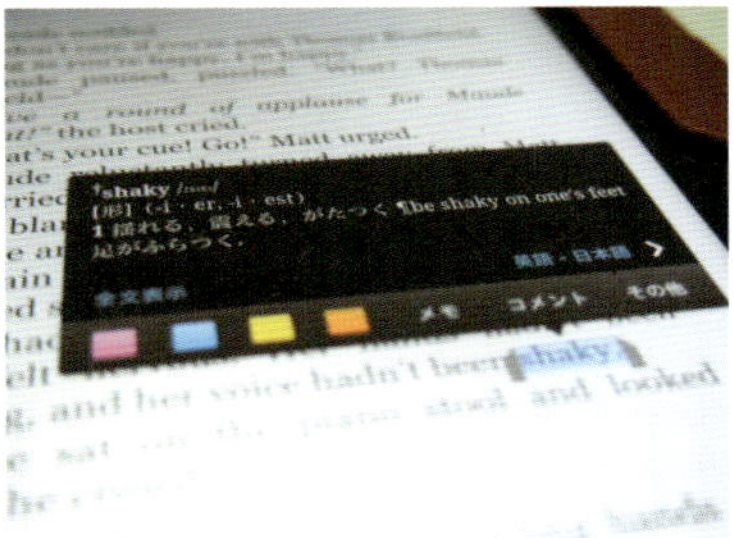

2015年03月12日

便利で簡単な常備調味料。

来週、久しぶりにショップを開けるので、ショップホームページの整備などをしています。わたし、パソコン仕事はわりと得意なほうなのですが、しばらくやってなかった作業なので、ちょっと、もたつき気味。

気分転換に、キッチンへ。栗原はるみさんレシピの「香味じょうゆ」が切れてたのを忘れていました。

ほら、ニンニク少々しょうが少々ってお料理あるじゃない。わざわざ刻まなくても、この香味じょうゆを使えばいいんだもの。いろんなお料理の下味にとっても重宝。

19

thumoriaさん

thumoria

家が大好き。家にいる時間をこよなく愛しています。

「ツモリア」
http://tumoria.blog27.fc2.com/

50代、派遣社員として時短勤務をしております。夫とミニチュアシュナウザーのはると暮らしています。家が大好きで、家にいる時間をこよなく愛しています。ブログを始めて、なにげない日常の一こまがかけがえのないものになりました。楽しく笑顔でいられる、暮らしや人との関係を大切にしています。

▶ 好きな家事は何ですか

朝食を作ることが好きです。50代にもなると、体調のいい朝も悪い朝もありますが、一日の始まりに栄養たっぷりの朝食を作ることで、一日の活力につながる気がするからです。主人の朝の食欲で、なんとなく主人の体調もわかったりします。基本一汁三菜の和食ですが、休日はパン食も多いです。

▶ 苦手な家事は何ですか

掃除です。宝くじが当たったら業者に頼みたいし、掃除の家政婦さんを雇いたいくらい。キリがないし、誰にも感謝されないから。でも一週間に一度は、根性で家全体を掃除します。水回りの掃除も、まとめてやらないで、使ったときチョコチョコときれいにしています。

家族構成	夫とふたり暮らし。あとミニチュアシュナウザーはる（♀8歳）
朝起きる時間と寝る時間	7〜8時くらい起床 0〜1時就寝
一日のうちで家事に使う時間	7〜10時、18〜20時が基本。掃除日は午前中10〜13時みっちりと。

▼ 2011年03月03日

三月はタオルチェンジの月

毎年三月、年末の大掃除より大がかりな整理・整頓をしてしまう私。

今日は、部屋の掃除をしながら気になっていた、タオルの処分を決行。

タオルは、処分するぞ！と決めて、収納場所から撤退させない限り、延々使ってしまう。15年前、フィットネスジム用に購入したものを、まだ、持っていた！

古くなったタオルを撤収し、昨年、ギフトでいただいた白い「今治タオル」を新しくセット。新しいタオルは気持ちがいい〜！　使うとき、ちょっとだけ幸せな気持ちになれるよね。

▼2011年05月13日
シンプルに暮らす　食生活を見直す

先日購入した『シンプルに暮らす』（中経出版）という本。「目からうろこ」的なライフスタイルが描かれていた。今までシンプルライフというのは、「衣」や「住」しか考えていなかったけど、この本は食生活に関して書かれている。「満腹感に敏感になる」とか「胃を本来の大きさにもどす」とか「ダイエットではなく自制心をもつ」とか。私にとって珠玉の言葉ばかり。住居や家の中のモノに対してはもう20年位前からシンプルな生活を心がけるようになっていたのに。生きる基本である食については、幼いころからの習慣がすべてで、それを変えようなんて本気で思ったことがなかった。

余生というにはまだ早いけど、年を重ね、徐々に衰え始めたカラダを健康に保つために、すぐに、手に取れるところに置いておこうと思う。

▼2012年06月26日
曲げわっぱのおひつ

昨年購入した秋田杉、曲げわっぱのおひつ。我が家にはなくてはならないキッチン用品になりました。

朝炊いた熱いご飯をおひつに入れます。するとご飯の水分をうま〜くおひつが吸収してくれます。おひつにご飯はひっつきませんし、夏場でも半日くらいなら、常温で大丈夫。朝炊いたご飯を夕ご飯でもとってもおいしくいただけます。ご飯の水分がちょうどいいので温めなくてもすごくおいしい。そして、ほのかに杉の香りがします。昔、母が折箱に入れてくれたご飯の香りです。

土鍋で炊いたご飯を、曲げわっぱのおひつでいただくと、とってもおいしいです（食べ過ぎて危険です）。

2013年01月17日
ハリオ　ご飯鍋

　昨年から、炊飯器を止め、土鍋炊飯をしています。面倒で難しいと思っていた土鍋炊飯は、とても簡単でおいしいご飯を炊くことができます。当初使っていた土鍋でも全く問題はなかったのですが、昨年末に炊飯土鍋「HARIO　フタがガラスのご飯釜」をいただきました。

　使ってみたらとっても使い勝手がよくそのまま愛用しております。土鍋で炊いたご飯は温かいときもおいしいけど冷えたときが本当においしい……。もちもちした感じがします。

2013年02月09日
便利！　キッチンボウル

　長い間使っていた、ステンレス製の大きな小判型の洗い桶。新しいものに変えました。

　今度のは小さくてすごく軽いもの。シンク内でも邪魔にならないし、乾かすのも場所を取りません。以前の大きな洗い桶のときは、常時シンク内に置いていましたが、これは小さく軽いので、収納して必要なときだけ出して使っています。思い切って買い替えて本当によかったと思えるキッチン用品です。我が家は直径24センチのものを使用しています。

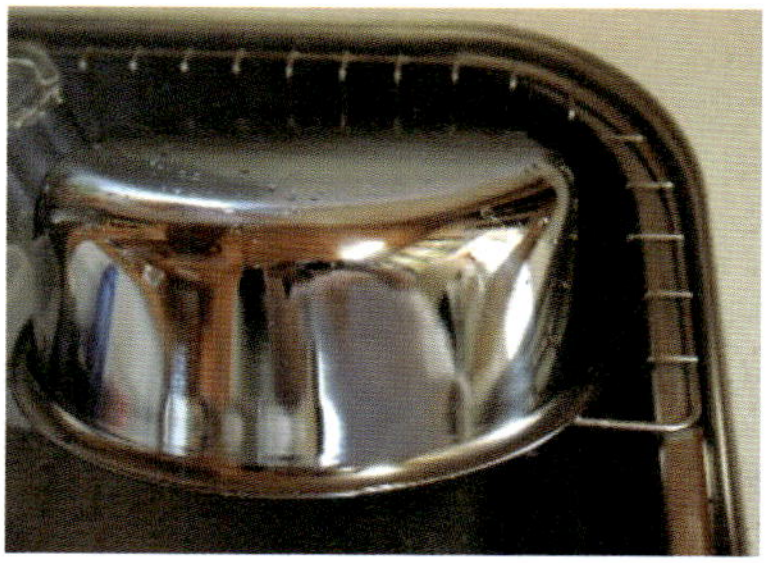

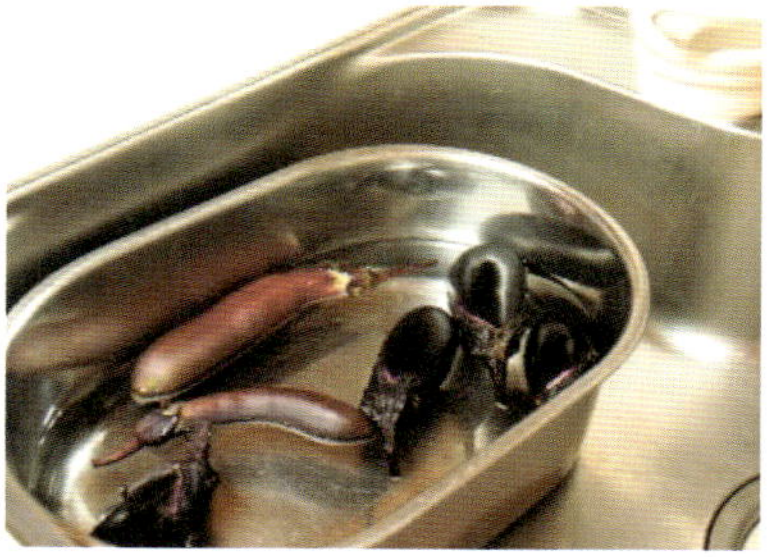

2013年06月05日

精米機でスローライフ

我が家では幸せなことにいつも夫の実家（新潟）よりお米をいただいています。お米は精米前のものなので、精米機が活躍しております。だいたい一ヶ月分を精米します。

すでに10年以上使っているのですが、ある日、糠の中に大量の玄米やら白米が落ちているのを発見しました。中の部品のかごを見ると、なんと穴が開いていました。

購入した家電量販店に電話すると、取り寄せをしてくれて、部品のみを購入することができました！　すぐに新品を買わないで家電量販店に電話した自分をほめてあげたい（笑）。

2013年07月11日

ストウブが届いた♪♪

楽しみにしていたストウブが届きました。「ストウブ　ピコ・ココット ラウンド20㎝〈マットブラック〉」。いつもティーマを買ってる「アドキッチン」さんで。黒マットエマイユ加工は、触るとザラザラしていて、この小さな凹凸で表面積が増え熱伝導率が高くなるそうです。油なじみがよく焦げ付きにくいそうです。

コンパクトで思ったより重くなく、これから使えそうです。最近血圧高めな夫ですがストウブで塩分控えめにできるかな。とりあえず、料理本買わなくちゃ。

2013年07月12日

及源鋳造　南部鉄器　角玉子焼き

卵焼きは、私にとっておふくろの味。「今日は冷蔵庫に何にもないから～」。そんな日の夕ご飯に登場してた、小さなおにぎりと煮しめと卵焼きが私はとっても大好きでした。小さくて甘くてフカフカしてました。

さて、我が家の卵焼き器は、スーパーで買ったテフロン加工の安いものでしたが、最近になって、油を使っても卵がひっつくようになりました。そんなんで、卵焼きはここ2ヶ月作っていませんでした。でもどうしても卵焼きが食べたくて。衝動買いしてしまいました。

「及源鋳造　南部鉄器　角玉子焼き」裏側に「南部　盛栄堂」の刻印。ずっしり重いです。早速卵二個で卵焼きを作ってみました。卵焼き、おいしかった～。また今夜も作りたいくらいです。

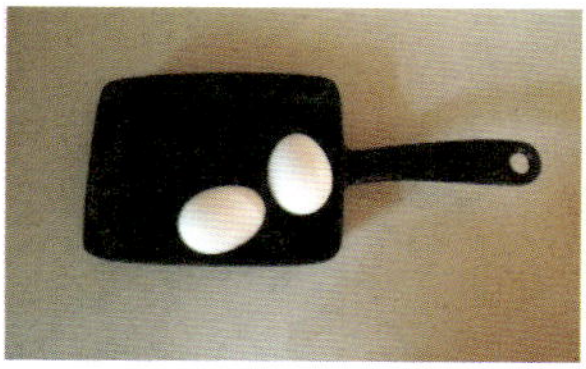

2014年06月27日

バウ工房のカトラリーケースとキッチン雑貨

ティッシュボックスのような形をしていますがこれ、お箸を入れるケースなんです。

我が家は、カトラリーケースをキッチンカウンターの、食卓から手を伸ばせば届く位置に置いていたのですが、ケースに蓋がなく、ふきんをかけていました。なんとか蓋付きのケースを探して、ふきんをやめたいと思っていたんです。やっと見つけたよ。夫婦で愛用している日田の竹箸が収まるちょうどいいサイズです。「バウ工房」のカトラリーケース。私のお気に入りに仲間入りしました。

▼2014年07月09日

ランチョンマットを変えました

今まで使っていた我が家のランチョンマットは濃いグリーン。1枚500円くらいだった。最近、この色に飽きてきたし、夏用に涼しげな色もいいかなと初めて「Chilwich（チルウィッチ）」を買ってみた。色は夏らしくブラウン系の「リネン」を。

布は汚れやすいし、洗濯するとシワになるからそのまま使えず、アイロンが必要なことも多いけど、このタイプは、お手入れが楽。いつもはふきんでさ～っと拭くだけ、汚れが気になったらキッチンで水洗い。もう布のランチョンマットには戻れないです。

▼2015年02月20日

脱いだ服の定位置　やっと決まる

友人宅で見た「コサイン」のスマートラック。名まえの通りスマートで場所を取らないところが一番のお気に入りです。やっと、夫婦ふたりの脱いだ服の定位置を、確保することができました。柔らかくまぁるい雰囲気とメープルのやさしい色合い。面のないコサインの家具は圧迫感がなく、狭い我が家の寝室にピッタリです。

よく床置きしていた夫も今はちゃんとラックにかけてくれます。思い切ってふたつ購入してとってもよかったです。

長い間使っていた金属製のラックとかごをやっと撤去でき、スッキリしました。

20

坂下春子さん

Sakashita Haruko

今は育児が最優先。手作りを楽しみつつ、手を抜くときも。

「*Home Sweet Home*」
http://harumum.exblog.jp/

長崎県在住。ごく普通の30代主婦です。『家族の体はお母さんの作るものでできている』をモットーに、毎日の家仕事に励んでいます。市販のもので済ませられるものでも、少し手間をかけて手作りを楽しんで。今は育児が最優先なので、精神的にも肉体的にも自分を追い詰めないよう、いい意味で手を抜くこともあります。

好きな家事は何ですか

おやつ作り。子どもが喜んでくれることに幸せを感じる。

苦手な家事は何ですか

掃除。くたびれるから。でもきれいになったあとはとても爽快感を得られます。

家族構成	夫、息子ふたりの4人家族。
朝起きる時間と寝る時間	6時半起床　22〜23時就寝
一日のうちで家事に使う時間	5〜6時間

2013年05月31日

トマトの猛威

我が家の家庭菜園、ミニトマト、茂り過ぎ！　もう囲いからはみ出しまくってます。いったいどこまで伸びていくのやら。プランター栽培とは全然違いますね！

実も文字通り、鈴なり。他の野菜たちは、いまやトマトの猛威に戦々恐々です(笑)。とうもろこし、きゅうり、なす、オクラ、ピーマン、メロン……。それぞれ、花が咲き、実をつけ始めています。

野菜たちの成長を見守るのが家族全員楽しみで、毎朝3人で畑チェックを欠かしません。

やっぱり家庭菜園っていいなー。場所はあるのにまだ始めていない方、オススメですよ！

2014年03月10日
久々のソーイング。

楽天スーパーセールで購入していた「Artek SIENA」のキャンバス地で、バッグを作りました。夫のお弁当箱を入れるために作ったはずなのに……採寸もせずにざーっと裁断して作ったものだから、大失敗。お弁当箱はぜ〜んぜん入らない！

ハーフカットだったので、模様を縦にすると長さが足りないかな〜と、あえて柄も横に使ったのに。やっぱりちゃんと採寸しなきゃね〜。ちゃんと接着芯を貼って裏地も付けたので、かなり丈夫。なのに！　あえなく、こちらは私のサブバッグになりました。息子とお散歩するときの、ちょっとした荷物を入れたり、赤ちゃんが生まれてからのバッグｉｎバッグに使ってもいいなー。夫には、もうしばらく紙袋で我慢してもらおう（笑）。

2014年05月19日
ウニッコポーチできました。

以前購入していたミニウニッコのハーフカットで、おむつポーチを作りました♪　たっぷり入りそうです。我ながらよくできたー！　と思ったけどよく見たら取っ手がゆがんでた（笑）。

裏地にしっかり厚手の生地を使い、接着芯を貼って張りを出しているので、普通の生地でもこんな風に立体的にできました。

でもやっぱりもっとパリッとさせたかったな〜。キャンバス地か撥水加工のクロスを使えばよかったかな〜。と思いましたが、ガシガシ洗濯できるし、お出かけ時にはパンパンでも帰りはコンパクトにできる、というメリットがあったので、これはこれでヨシとします☆

何より材料費２０００円ほどでできたので、大満足♪

▼2014年11月27日

最近のお庭

先日、お庭に新しくレモンの木を植えました。今回はすでに実がなっている3年生の苗を買ってきました。たくさんなるようになったら塩レモンにしたり、レモネードを作ったり、と夢は広がります。

ミニ菜園の方も豊作です。ベビーリーフやら二十日大根やら。毎日、直前に庭からもぎ取ってきて食べる、新鮮な無農薬グリーンサラダ。ぜいたく〜！ 去年はブロッコリーを育てていて、青虫と格闘しながら長い期間頑張った割には、たった1日で食べてしまって終了……だったので、短い期間で育って少しずつ食べられるグリーンリーフっていいな〜。

これから、冬の畑はこれにしよう☆

▼2014年12月13日

子どもたちの診察券入れ。

ずっと、子どもたちの診察券をまとめて入れるのにちょうどいいカードケースを探していました。でもなかなか理想の大きさ、デザインのものが見つからず、ようやく気付きました。ちょん切っちゃえばいいんじゃん！！

というわけで、これが2段の大きさだったらいいんだけどな〜とずっと思っていた無印のカードケースが、無事母子手帳ケース（にしているウニッコポーチ）にすっきり入りました。たくさん入るので、使用頻度が低い自分の分も入れちゃったりしてます。

ひとつひとつ、懸案事項が解決していってスッキリです。無印さまさま。

2015年01月17日

玄関にフックを。

年末にIKEAで買ってきた「ENUDDEN ノブ」を取り付けました。用途は子どもの荷物の一時置き。好きなブロガーさんがされていたのを見て、コレだ！と思い、参考にさせていただきました。

4月から本格的に幼稚園に通い出す長男。今はプレで週2回ほどですが、支度は自分でするよう練習中です。

ただ、それがなかなかうまくいかなくて。リュック置き場から持ってくるまではするのですが、それをリビングに持ってきてただ放置するだけ。準備ができたら玄関のこのフックに、とルールを決めればもう少しうまく行くのでは？ と。しばらく様子を見てみようと思います。

2015年01月20日

長押を付けました。

無印良品で購入した、壁に付けられる長押（なげし）を取り付けました。

最初の取り付け場所の候補は、リビングだったのですが、シミュレーションしてみるとなんだか視界の邪魔だったので、普段リビングで過ごしているときにはあまり目に入らないほうがいいかな、と思い、和室に付けることにしました。

用途は、朝あまり部屋が暖まっていないときとか、ゴミ出しのときとか、とっさに息子とお庭に出たりとか、そんなときに着たり脱いだりするおうち用上着をかけてます。

あと、来客時の上着掛けにも使えるかなって思ってます。

2015年01月27日

はちみつ漬けいろいろ

「かの蜂 国産百花蜂蜜」が届いたので、楽しみにしていたはちみつ漬けをいろいろ作ってみました。ローストナッツのはちみつ漬けと、はちみつレモン。レモンはお庭から採ってきたもの。真ん中のは私用にしょうが入り。

ナッツは味見が止まらなくてやばい。

おさるのジョージに出てくるレモネードに憧れを抱いている長男も、「早くレモネード作って～」と待ち遠しい様子。私はどんどん漬かっていく様子を観察するのが楽しくてたまりません。長期保存できるようなので、夏は炭酸で割ってジンジャーエールもいいな～。

ナッツはクリームチーズと合わせると、パンやお酒との相性もいいみたい。あぁ楽しみ。

2015年02月05日

ウォールバード

壁に鳥さんを飛ばせてみました。「umbra ウォールバード」。ずっと殺風景だなーと思っていた、階段途中の壁に貼りました。下りるときも、上るときも。ささやかだけど、いいポイントになってくれました。

近頃、なんだかモノトーンアイテムに引かれます。基本的には木のものが大好きで、それはきっとずっと変わらないと思うのですが、ホテルライクなモダンインテリアも素敵だなーと思ったり。そうかと思えばヴィンテージにもすごく引かれるし。大人になったというのか、迷走しているというのか……。気になるアイテムを取り入れつつ、少しずつ自分らしいインテリアを作っていけたらなって思います。

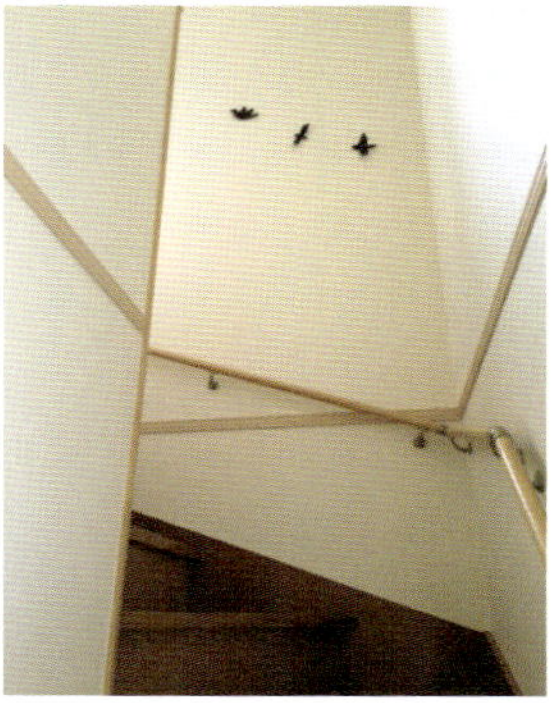

2015年02月16日

せいろが届きました。

待ちに待ったせいろがついに我が家にやってきました。早速蒸し野菜。甘ーくておいしかった〜。芋は長男と取り合いになるので若干多めで。蒸してるときから香りがよくて、湯気を見てるだけでなんだか幸せな気分。毎日これでもいいな〜。男子たちからはクレームがきそうだけど(笑)。蒸しパンも作りました。せいろで蒸したというだけで、いつもよりおいしく感じます。季節柄、早速大活躍のせいろ。これから末長くお付き合いしていきたいです♪

2015年02月22日

ハンドメイド入園グッズ

ようやく入園グッズ作りに着手できました。まずはお弁当袋と歯ブラシ&コップ入れが完成☆

もうね、いたずら坊主の次男が、昼も夜も眠りが浅過ぎて……これぐらいのミシンがけする時間も割けない日々。夜、子どもたちを寝かしつけてから、起きてこられた日にちょっとだけ。頑張って「寝ないぞー。今日は寝ないぞー。」と念じながら必死で眠気と闘って寝かしつけしてます(笑)。

「いつ作るの〜? いつできるの〜?」と首を長くして待っていた長男は、見た瞬間、鼻の下伸びまくり。その日は枕元に置いて寝てくれました。さぁ、次はいつ何が作れるかな〜?

21

あじさいさん

ajisai

豊かにすっきり暮らすためにいろんなことを見直し中。

「ゆたかにすっきり暮らす」
http://hydrangea1111.blog.fc2.com/

夫、娘ふたり、義父と暮らしています。節約、断捨離、掃除、料理、よい習慣。すべて、豊かにすっきり暮らすため、私に必要なことです。見たこと、作ったこと、経験したこと、考えたこと、読んだ本について綴り、自分の暮らしを見直していきたいと思っています。

▶ 好きな家事は何ですか

ものを元に戻すこと。洗った後の食器、洋服、靴、いろんな道具を元の位置に戻すこと。決めた位置に戻していくことで、家の中が整っていく感覚が好きだからです。

▶ 苦手な家事は何ですか

網戸や窓の拭き掃除。ずっとやってこなかったので、よい方法を探せていないことで気持ちにもブレーキがかかります。

家族構成	夫、娘ふたり、義父
朝起きる時間と寝る時間	5:45起床　早ければ21:00 遅いと23:00就寝
一日のうちで家事に使う時間	4時間〜4時間半くらい

▼ 2014年08月29日

すぐ買い物に行ってしまう症候群をなんとかしたい

一昨日、なにげなく買い物に行こうと思ったんです。

なにげなくっていうのが厄介で。まあ、なんとなく冷蔵庫の野菜がなくなってきたからとりあえず買い物に行こうかなと。

でも、その前に、あるブログ記事を見つけてしまったんです！「買わないで、あるもので作るという習慣を持とう」という内容。

そうだよなぁ。家にはまだストックされたものがあるよなぁ。冷蔵庫にあるものがゼロにならずに買い物行ってばかりだよなぁ。

で、見つけたのがひじき、トマト缶、冷凍してあったベーコン、ちくわ、にんじん、スパゲッティ、しょうが、なす、ねぎ、豆腐、チルドにあるひき肉ちょっと。冷凍してある揚げ。……まだまだあるじゃん。買い物は中止。

作ったのはトマトスパゲッティとひじき煮。

作れるわ〜。なんで買い物に行こうと思ったのかな〜。習慣って怖いわ。

2014年09月28日

昆布のはなし

最近、図書館で本を借りまくっているのですが、いやはや、参考になる！とうなっているのが『うおつか家の台所実用ノート 眼からウロコ！〝ひと月9000円〟の快適食生活』（ゴマブックス）。食に対する愛情と、独特な考え方とおもしろ工夫がどっさりでした。これは、買って近くにおいておきたいな、と思います。

その中で、昆布の使い方というのがとてもよかったです。早速、私もこんな感じに瓶に入れました。夜寝る前にお水にこの昆布を入れておけば、次の日の朝のおみそ汁にとってもよいだしが出てます。確かにこの昆布を使い始めてから、調味料のだしを使うことは少なくなりました。

ミネラルを摂るためにも昆布を食べよう!!と思うのでした。

2014年09月29日

普通、150枚から200枚の服を持っているらしい

今日のあさイチはクローゼットの話題。私も断捨離の最中なので、とてもためになりました。

今回のスーパー主婦が所持している洋服は、83枚。有働アナは700枚！（有働さんのバブリーなコートを見られたのもおもしろかったけれど、私がこないだ断捨離したコートと似てた）普通は150〜200枚くらいとのこと。私は下着靴下を除くと140〜150枚くらい。平均レベルです。まだまだですね……。

「捨てられないのは、その頃の自分とさよならできていない、ひきずっているから」ということもその通り、と思いました。思いが残っていると、物を捨てるのは難しいですよね。

それから、一度着たものを収納するのに、きれいな服の隣には置きたくないため、牛乳パックを置き、仕切りにしているとのこと！着た洋服ですぐに洗わないものは、椅子とかそこらへんにばさっと置くのが普通だと思っていたので、また収納に戻すというやり方にびっくり!!収納に余裕とスペースをもたないと、なかなかできませんよね。今日この番組を見て、またまた洋服断捨離に立ち向かう意欲がわいてきました。さて。頑張ろう。

2014年10月19日

常備菜を作ったつもりなのに、常備できなかった

常備菜作りを楽しんでいるのですが、なかなか常備菜にならない、ということがわかってきました。

火曜日に買い物に行って、水木金土の4日間、買い物行かずデー。なんかすごくできる主婦になったみたいで気分がいい♪

今日はいんげん2袋、かぼちゃ、小松菜、ほうれん草で常備菜を作りましょと、お昼すぎから台所でお料理しました。いんげんの酢の物と、かぼちゃのマカロニサラダ、小松菜とほうれん草はゆでて、ごま和えに。

さてさて夕飯になりました。うちは夫と私と子どもふたりと義父の5人で夕飯をいただきます。

メインは、自家製メンチカツ。みんながおいしい！と言ってぱくぱく……。

食事が終わって。残ったのはひき肉1キロ使って、22個できたメンチかつのう

ち、7つ。そして小松菜とほうれん草のごま和えがほんの少しのみ。あとは完食。常備菜になりませんでした! これに打ち勝つには、とにかく多めに買うしかない。ほうれん草、小松菜をゆでるときは2把ずつ。かぼちゃサラダには、2分の1個必要。いんげんは3袋か?

2015年01月14日

家事を楽しくする特効薬は断捨離

結婚して20数年。家事とは、時間を食うし、楽しくないしメンドウくさいもの。しょうがないからやるもの、でした。

でも、年末あたりから、なんか違うんです。洗濯物をたたむのが一番キライだったのに、そうでもなくなって。

たたんだあとに、しまうのも苦じゃない。掃除も食器洗いも、「メンドウくさい」から「家事が終わっていくと気持ちいい」に変わっていっています。

それは、断捨離のおかげのような気がします。断捨離のおかげでしまうのが楽。好きなモノに囲まれているので楽しい。モノが少なくなると掃除がしやすくて楽しい。こんまり流で言うと、「ときめくもの」に囲まれていると、それを扱うのがとても楽しくなります。

家事にとりかかるときに、「メンドウ」という気持ちがなくなると、家事が終わったときの、スッキリ感、満足感にシフトしていって、家事そのものが楽しくなる気がします。

これからの改善点は動線かなと。洗濯物をたたんでしまうまでの動きを、もっと簡単に楽にしたい。家事について考えるのは楽しいです。

2015年01月22日

家事が楽しくなったふたつめの理由

洗面所に置いてあるタオルがいただきものばかりで、いろんな種類でいろんな色で、全然気に入らないけど、捨てるにはなぁ……と、使い続けてきましたが、先日、ようやく買い替えました。前から欲しかった無印の茶色タオル。お風呂場用と洗面所用を5枚ずつ。5枚だと、毎日洗濯しないと足りなくなっちゃいますが、洗濯のモチベーションも上がるし、たたむのも楽しいし、見てるとと〜っても幸せな気分です♪

それから、ず〜っと気になっていた食器を拭くふきん。

去年の夏くらいから、リネンのふきんっていいな〜と思ったんですが、そのときは高いなあ……で終わってました。それから5ヶ月。ずっと欲しいなあって思ってた気持ちが、お水がコップからあふれるみたいに、とっても強くなったので買っちゃいました。ラインが赤と青の2枚。

一昨日から使い始めてみましたが、分厚くて拭き心地も◎。これも見てるだけでるんるん、ふんふんしちゃいます♪

愛着のあるモノに囲まれてると家事そのものが楽しくなるなんて思ったことがないから、けっこうびっくりしています。

2015年01月30日

「お掃除好きになろうプロジェクト」を始めようっと

断捨離を進めてきたら、掃除していない、いろんなところがとっても気になってきました。なので、プロジェクトを始めようと思いました。

「お掃除ズキになろうプロジェクト」

☆目標

お掃除好きになって楽しくお掃除するようになること。

☆目標をかなえるためにしようと思うこと。

お掃除場所を書き出す。/その場所の

掃除頻度を決める。／シーツ、カバー、マットなどを替える頻度をだいたい決める。／お掃除に関する本を読む。／関連するブログ記事を探す。／お掃除日誌をつける。／お掃除用具を何にするか決める。／断捨離、こんまり流片付けを続ける。

☆目標期間

1年間　2015年12月までに。

☆どうやってチェックするか

月末にブログ記事にして、1ヶ月間の感想や反省点を記す。

さてさて。リビングのペンダント電灯のかさすら、ず～っと掃除してない私が、果たしてお掃除好きになれるのか？

2015年02月04日

お掃除プロジェクト。3日間の感想

お掃除プロジェクト、3日目です。今までほったらかした場所のどこを掃除するか、スケジュール帳に記入しました。

月曜→シーツ、カバー、スポンジ、マットの交換。食卓の照明を拭く。テレビ裏の掃除。冷蔵庫の上、食器棚の上を拭く。

火曜→お風呂場、洗面所、冷蔵庫の中。

水曜→玄関、リビングの床を拭く。

普段やっている掃除は普段通りに。

3日間やってみての感想は……。ひとつの掃除にどれくらいの時間がかかっているのかを、考えるようになりました。

また、ワンアクションが心の壁になるので、ぱっと掃除にとりかかれる環境に整えておくことがとっても大事。それに、拭き掃除をすると心地よいこと。また、汚れがつかないように、養生することが大事だなということ。

さて。普段の掃除以外の、お掃除プロジェクトにかける時間は午前中1日30分にしようと考えています。「ラクで時短なお掃除」を考えたいな～と思います。

2015年02月13日

スポンジを捨てる前にできること

家の中にあった長年のよどみが、少しずつなくなっていくのと同時に、モノに対する気持ちが変化しております。

スポンジもそう。スポンジっていつ新しいのに替えるかってけっこう悩ましい。ずっと使えてしまったりで、捨てるのがもったいないというか。でもへたってるのを使い続けてるとそこによどみができるというか、気持ちがアガラナイというか、いつもキレイなものを使っていたいなあと思うのです。

で、考えました。トイレブラシじゃ届かない裏の部分をごしごししてから捨てればいいんだ、と。スポンジを最後まで使い切るっていうのと、トイレの裏側の汚れが取れるっていう一石二鳥な感じが気に入りました。

1週間に1回くらいの頻度でやっていこうと思ってます。ちなみに、スポンジは5つ入って108円。大き過ぎるので、半分に切ってます。108円で10週間ももちますね♪

2015年02月28日

お掃除プロジェクト 1ヶ月終わって

ダイアリーを100円ショップで買い、どの場所を掃除したいのか、それを、カレンダーの日付の下に書き込んでいきました。実行したものには○を囲み、できたものとできていないものを、見ればわかるようにしました。

毎日、普段のお掃除プラスどこかしらのお掃除ができました。1ヶ月の計画を立てて、見やすくすることはとっても効果があることがわかりました。家もキレイになって、気持ちもすっきりして、深い睡眠も得られて、いいことばっかりなお掃除プロジェクトです。

2015年03月10日

包丁を研ぐ

　去年の終わり頃、１００円ショップで買った研ぎ器を処分して、ちゃんとした研ぎ器を買いました。そうしたら、今までのは何だったの？　というくらいちゃんと研げます。ピーマンやトマトがさくさく切れます。なまくらでも、ま、いいか、なんていい加減だった私、さようなら。でも、やっぱりほったらかしにすると、すぐなまくらに戻ってしまいます。

　で、考えました。この研ぎ器を取り出しやすい場所に置こう。毎日はムリでも、一週間に一回は研ぐ。毎週金曜日に、ガス台と換気扇のパネルの掃除をする日にしてるんですが、そこに、包丁研ぎを加えてみることにします。

2015年04月06日

家を整える、という感覚が生まれたら家事が楽に

　先週は久しぶりに親戚が集まって、にぎやかで忙しい日々でした。毎日同じように過ぎていく日々のなかで、わいわい話して食べて飲んで、楽しい時間を過ごすのもいいものです。

　日常も大事だし、非日常も大事。

　そうした週末を終えて、今日は朝から掃除洗濯に精を出しました。

　いろいろなモノを定位置に戻す。

　洗濯機を2回回して干す。

　可燃のゴミを出す。

　ワインの瓶を所定の場所に移動させる。

　ほこりたくさんの床に掃除機をかける。

　布団を上げて、シーツを外す。

　そういいろ〜んなたくさんのことに集中していたら、ああ、これって、ただの家事をやってるんじゃなくて、おうちを整えてるんだなぁと突然思いました。

　家事は絶え間なく連続していて、それを苦役にしちゃうと、家にずっといる者としてはとても苦しい。手抜きをするときは手抜きして、自分の感覚を大事に。義務じゃなくて、自分の空間を気持ちよいものに戻していく、と考えると家事そのものがラクになる感覚が生まれてくるように思います。

2015年04月13日

掃除機は週何回？掃除のルーティン決めた

　お掃除プロジェクトを始めて、ずいぶん、週のルーティンがはっきり見えてきました。

　あるお掃除の本には、曜日によってお掃除する場所を決めましょう！と書いてあります。でも、それがなかなか決められなくて、その場その場でいきあたりばったりが多かったんです。でも、計画表を作って、2ヶ月やってみたら、普段の掃除をどうやったら心地いいか、特別な掃除はどうやりたいか、がけっこう見えてきたんですよ。普段の掃除はだいたいこんな感じに落ち着きました。

月曜→一気に掃除機
火曜→リビングをクイックルワイパー、
　洗面所、トイレ掃除
水曜→お風呂掃除
木曜→一気にクイックルワイパーで水
　拭き掃除
金曜→換気扇パネル、五徳、トイレ

手での水拭きを、場所ごとにやろうと、計画表に書いていたんですが、結局やらずに終わってしまうので、手拭きはやめました！　なので、クイックルワイパーでさ～っと一気にやることにしました。

土日は掃除はほとんどなし。リビングにクイックルをかけるくらいかな。お休み大切ですね。

▼2015年04月28日

台所掃除の決め手は やっぱりモノがないこと

こないだ、台所の作業台に何も置かないように、まっさらにしたんですが、その状態が心地よくて毎日の日課になっています。つり下げていたフライパンも場所を作って収納してみると、何もない、ショールームのキッチンになったみたいで気持ちいいですね。

それぞれの台所道具の置き場所を決めれば、なんにも置かない状態っていうのが可能なんだな～と今さらながら感動してます。

そんな状態になってると、とってもラクなのがお掃除。

今まで壁にフライパンをふたつつるしていたので、壁面のタイルを拭くのは一年に数回だったのに、何もなければすぐに拭けます！　モノをどかさなくてもいいことの、ストレスのなさ。こんなに気持ちがいいものなのかとびっくりしております。

調味料だって出しっぱなしだったことがウソみたい。きっと、モノがあるとさらにモノを呼ぶのね。

そして一度心地よさを感じると、その状態にまた戻そうとするのかな。好循環のイイ例みたい。

▼2015年05月03日

好きな調味料　～みりん～

私はそれほどお料理は得意じゃなくて。始めたのは結婚してからで、一から覚えなきゃ、とオレンジページの『お料理一年生』という雑誌を買ったのを今でもよく覚えています。載っているお料理を1ページめから、レシピ通りに作っていきました。そんなお料理歴も23年になります。

私が重宝しているのが、調味料たちです。調味料は節約せずに買っちゃってます。いい調味料を使っていると腕がよくなくても、できがいいんですよ！　私の気に入っているみりんは、「白扇酒造福来純 三年熟成 本みりん」。飲めるみりん、とも言われていて、飲んでみましたが甘いお酒みたいです。

column

IE SHIGOTO TALK 1

朝の家事、私のやり方

朝の流れやこだわり、やり方について教えてもらいました。

いつもの朝のスケジュール。
5：40 目覚ましが鳴る。布団の上でヨガかストレッチ
6：00 起床、身支度。トイレ、洗面掃除。洗濯機オン
6：20 お弁当づくり
6：40 朝食作り
7：00 朝食
7：20 洗濯干し、洗濯2回目
7：40 朝食片づけ
8：00 リビング掃除、三男登園用意
8：20 三男送り、おやつ用意、洗濯2回目干し
8：40 朝仕事完了。出勤
朝食はパターン化しています。ご飯、汁物、漬けもの、納豆、常備菜やふりかけ。100%ジュースか果物。ご飯と汁物は前日にしかけておいて炊くだけ、温めるだけに。休みの日、ゆったり朝食がとれるときは干物や卵を焼いたりします。（尾崎友吏子さん）

最初にカーテンを開け、窓を開け朝の空気を部屋に入れます。次に朝食の準備をします。各トレイにそれぞれの（夫、子供2人分）の食事を用意します（トレイごと食事をするのでそこで完結）。洗濯物を干し、掃除機をかけます。夕食の下準備をします。（izu_aさん）

洗濯機を回して、干す。朝ご飯の支度。夕ご飯の仕込み。時間があれば掃除機をかけてから 出勤。（アイコさん）

朝一番は、前日の夜干しっぱなしにしてあった台所道具をしまったり、お台所を整えることから始まります。週末作った常備菜を使ったり、前日に準備できるものは用意して、朝のお弁当作りは、ほぼ詰めるだけにしておきます。朝食用の食器を出すのは、夜寝る前の息子の仕事。朝食が終わってからの洗いものは夫の仕事（息子は自分で）と、家族が分担して手伝ってくれます。（Yukoさん）

何かしながら掃除や洗濯をこなしています。コーヒーを入れながら朝食作り。常備菜のサラダを使って、サンドイッチを作ります。洗濯機を回しながら、トイレ掃除→床のモップかけ→玄関掃除。アロマを焚く（リラックスしたいのか、集中したいのかによって変えます）。（DAHLIA★さん）

一番最初にするのが朝食作りです。作りながらフライパン、鍋など大きなものは洗います。洗濯物はお風呂場で干して、晴れていれば庭に干します。冬は寒くないし、夏は日焼けを気にしなくていいので。ピンチハンガー2個に干すので、外に持ち出すときもそのふたつだけ。（かおるさん）

朝一番の仕事はリビングダイニングのカーテンと窓を開けること。朝食を作りながら、洗濯をし、後片付けをしながら、夜ご飯や犬のご飯の準備をするのが日課です。余裕があるときは、キッチン周りの掃除。冷蔵庫の扉を拭くとかコンロ回りを拭くなどのちょこちょこ掃除をしながら片づけます。（thumoriaさん）

朝食の支度、洗濯、掃除が終わったら、その勢いで夕食や翌日のお弁当の下ごしらえをします。朝のほうが体がよく動くので。（linenさん）

午前中に、ほぼ全ての家事を終えるようにしています。起床→洗濯→朝食、幼稚園準備。洗面台とお風呂・トイレなどの水回り掃除→洗濯物を干す。同時進行で夕飯の支度。メニューによりますが、最終段階まで仕上げておきます。夕方、拭き掃除、掃き掃除、床掃除などを済ませます。(tomoさん「Life Co.」)

主人を仕事に送り出してから、朝食の片付け→洗濯→掃除→買い物（または畑仕事）をします。なるべく午前中に家事を終わらせて、午後はゆっくりと過ごしたいと思っています。(さえさん)

朝は、ほぼ作りおきや前日作ったおかずを詰めるだけです。1膳ずつ冷凍したご飯をレンチンして、ご飯が冷めるまで顔を洗ったり着替えたり。ご飯が冷めたら冷蔵庫に保存してある冷たいままのおかずを詰めます。お弁当のものは、詰めるときに温めないほうが傷みにくいです。(トモさん「Tomo's daily life!」)

夫に持たせるおにぎりとお茶作り、ふたり分のお弁当作り、朝食作りを同時進行するので、おみそ汁は、前の日の夜にお鍋に昆布を入れて水にひたしておきます。(あじさいさん)

朝ご飯の写真を撮って、ツイッターで発信しています。これを始めてから、「どうしたらおいしそうに盛り付けられるか」「どんな野菜を使ったら彩りよくなるか」を意識するようになり、メニューのレパートリーが増え、手際も良くなりました。人の目を意識するのって、大切なんだなと思います。自分が食べるのは、ものの10分なんですけどね（笑）。(chasさん)

ヨガをして、身体の準備を整えてから、朝仕事を始めます。一番最初にする朝の仕事は「コーヒーを淹れること」。(みうさん)

ベットメイクして身支度してお弁当作り。キッチンを片付けてお弁当の残りで朝ご飯。洗い物をしてキッチンをきれいにしてゴミ出しして終わり、というぐらいです。(YUKAさん)

7:00　私がお弁当を作っている間に、夫は身支度しているので、身支度が終わったら、使ったタオルやパジャマなどを洗濯機に入れます。洗濯機を回すのは、ほとんど夫です。
7:30　夫を見送った後、子供達にご飯を食べさせます。
8:00　洗濯物を干します。
9:30　娘の身支度をした後、娘を見送ります。
9:40　掃除機をかけ、その後、お風呂掃除。
10:00〜11:30　息子と遊んだり、生活用品の買い出しに行きます。
12:00　朝のお弁当のおかずの残りを食べるので、洗物程度です。
13:00　洗濯物を取り込み、畳みしまいます。(chieさん)

朝ご飯の用意→洗濯開始→トイレ掃除→お弁当の用意→洗濯干し。家族が家を出る頃までには朝の家事を終わらせ、見送った後はお茶を飲みつつ自分の身支度をして、その後仕事に入ります。(髙阪知美さん)

お弁当づくり→朝食の準備→朝食→洗濯物干し→朝食の後片付け→掃除。夏場や天気が悪い日は夜のうちに洗濯を済ませることも。(坂下春子さん)

column

IE SHIGOTO TALK 2

夜の家事、私のやり方

夜の家事のやり方について
教えてもらいました。

寝る前の部屋はすべてリセット。リビングや台所は、すべて片付けてから就寝します。(尾崎友吏子さん)

午前中にほとんど済ますため、夜はほぼ家事はしません。夕飯後にキッチン片づけ。食器はすぐに全部洗う（水切りカゴから食器を片づけるのは翌朝)。シンク周りの掃除や、キッチンの簡単な拭き掃除を済ます。他は空間に出ているものをすべてしまうというリセット作業ぐらいです。(tomoさん「Life Co.」)

洗濯ものをしまったり、食事の片付けをする程度で、夫も手伝ってくれます。こだわりとしては、台所の匂いやよどみを翌日まで残さないこと。床はちりとりで簡単に掃き取り、生ごみは新聞にくるんできゅっと縛って捨てます。(chasさん)

夜は夕食の支度と洗いもの以外、家事はしません。勤め人時代からの名残です。（linenさん）

常備菜を使って夕飯の準備をします。食後はすぐに食器洗いとキッチン周りを片付けて、その後は、ゆったりする時間。お風呂掃除は入ったついでにやってしまいます。（みうさん）

夕食の片付けは主人とふたりでしています。主人が洗剤で洗って、私がゆすぐ係。ふたりでキッチンに立って話しながら共同作業をするのはいいものだと思います。
（さえさん）

夕食を作りながら後片付け。／基本、掃除や洗いものを残さない。ガス周り、流し周り、排水溝の掃除、洗った食器も全て片付ける。キッチンの床拭き。／翌日がゴミの日であれば、捨てるゴミ袋を玄関にスタンバイ。
（DAHLIA★さん）

家族とゆっくり過ごせるよう、必要最低限のこと（食事の支度や後片付け）だけ。
（髙阪知美さん）

夜、子供達の寝る9時には、リビングもキッチン片付いた状態に。主人の帰りがそれ以降なら、主人が使った食器などの片付けは翌朝に持ち越します。これも9時前ですが、お風呂上がりに、洗面所や床を、使ったタオルで拭き上げます。9時以降は自分時間に使います。(かおるさん)

仕事の日は、帰ってすぐに動きます。1週間分のだいたいのメニューを決めているので、常備菜を使って30分以内に作ります。夕飯後、一気にキッチンを片付け、お風呂掃除、洗濯。そこまで終えてからやっと一息つくのが私流です。
（みゆさん）

column

IE SHIGOTO TALK 3

休日やゆとりがあるときの家事

休日やゆとりがある日の家事について教えてもらいました。

一週間分の米の精米をする。窓のサッシを拭いたり、パントリーや冷蔵庫、収納スペースの見直しをする日もあります。(thumoriaさん)

メリハリがないと続かないと思うので、休日は掃除はしません。日曜日はご飯作りを頑張って、月曜の朝のお弁当作りをラクにします。(あじさいさん)

お風呂とトイレを隅々までお掃除します。キッチンの換気扇掃除、スポンジ、まな板の漂白除菌。床、階段、巾木の雑巾掛け。建具などをシャークで除菌。窓、網戸掃除。室内外の植物の手入れなど。(chieさん)

ちょっと特別なことを、何かひとつはするのが目標です。鉄のフライパンを磨く、木製家具のオイル仕上げ、家で使う道具を作る、庭の手入れ、保存食やお菓子作りなど。(utakoさん)

お風呂の大掃除、トイレ掃除、窓拭き、網戸拭き、サッシの掃除、床拭きなどできるだけたくさん掃除する。
子どもと一緒に、クッキーやパン、うどん作りなど、少し時間のかかるクッキング。カーテンやシーツを洗う。たまに、味噌作りや裁縫もやります。(アイコさん)

一週間分の夕食メニューを決め、休日まとめて買い出しし、常備菜をできるだけ作っておきます。(linenさん)

布団を干して、床の水拭き、玄関掃除。買いものに行って翌週の常備菜作り。保存食作り、パンやお菓子作り。大型連休ごとに、引き出しやクローゼットの中の一斉整理を行っています。(YUKAさん)

一個所、念入りに掃除する場所を決める(トイレ、お風呂、ロフトなど)。カバー類の洗濯、床の拭き掃除とワックスがけなど。庭のお手入れをする。でも、その間にコーヒーを入れて休憩を挟む。(izu_aさん)

連休などゆとりがあるとき、クローゼットの整理や、ソファカバー、カーテン、キャンバスバッグなどの洗濯。週末の家事はルーチン化しています。(トモさん「Tomo's daily life!」)

家のあちこちにハタキをかけるところから始まります。ホコリが落ちるのを待つ間、洗濯機を回して洗濯物を干したり、お布団を干したり、干し野菜作りや常備菜作りなど。ある程度落ち着いたら、家全体を隅から隅まで掃除機がけ。普段できない拭き掃除もします。　(Yukoさん)

column

IE SHIGOTO TALK 4

今までの家事、これからの家事

家事について思うこと、変化したことはありますか?

片付けを始めてから、家事は、後回しにしないようになりました。以前は後回しにすることが多かったことも、モヤモヤは一刻も早くなくしたいと思うようになりました。例えば、提出しなくてはならない書類、換気扇の掃除も、床拭きもたった5分で終わることも多く、ならば早めに済ませてしまおう!と。(かおるさん)

独身時代は片付けられないタイプでしたが、結婚し子供が生まれてから、あるブログから感銘を受け、整理収納に目覚めました。家がきれいであることは、自分自身や家族の心の平和にもつながり、穏やかに子育てができる気がします。(tomoさん「Life Co.」)

私は働くお母さんですが、今、世の中では「家事・育児」がどんどん「面倒なこと・大変なこと」にされ、追いやられている気がします。衣食住を守る「家事」も、未来を拓く子ども達の「育児」も絶対に必要で、尊いもの。家事も育児も、自ら楽しんでいきたいと思います。(chasさん)

一人暮らしを始めたころは朝ギリギリまで寝ていたのですが、ある時から朝型に変えました。休日もできる限りきちんと起きて午前中にいろいろなことを終わらせるようにしたので、自由な時間は増えたと思います。(YUKAさん)

最近は見えないところもキレイに収納することにより、家の中が片付くようになりました。(thumoriaさん)

基本的にめんどくさがりです。手入れや掃除をしたくないために基本、モノを増やさないようになりました。(DAHLIA★さん)

シンプルライフを目指していますが、ストイックに窮屈に暮らしているのではありません。
身の周りのものをできるだけ、気に入っていて、使いやすいものばかりにして、それを日々使いたいと思っています。(linenさん)

家事をするときに、心を込めること、集中することが、豊かな気持ちになり満足する方法だということに最近ようやく気付きました。(尾崎友吏子さん)

ヨガを始めてから「ものを減らす」ということを始めました。せっかちだった性格もゆとりを持てるように。今では、家事もどう楽しめるかなーと考えられるようになりました。(みうさん)

あふれていたモノを捨て、部屋が片付いてくると、今度は汚れが気になるようになりました。こまめに掃除するようになったら汚れもたまらなくなりました。家事は日々の小さなことの積み重ねで良くも悪くもなるのだと実感しました。　（さえさん）

子どもが生まれ、自分だけでなく、家族が居心地の良いと思うような暮らしを心がけるようになりました。少し食事に手間をかける、いつもより念入りに掃除をする、など丁寧に暮らすことで豊かな気持ちになります。（izu_aさん）

マイホームを建ててから、苦手な掃除を以前より丁寧に頑張るようになった。（坂下春子さん）

以前は、片付けも苦手で、汚部屋に住んでいました。それが今では、毎日お弁当を作り、家計簿をつけて節約して、マンションも購入できたし、片付いた部屋で、手作りお菓子でおうちカフェまでできるほどになりました。人って変わるんだなあと実感しています。（トモさん「Tomo's daily life!」）

家事って、特に専業主婦だと自分だけの仕事のように感じますが、家族が自分のことは自分でできるように習慣づけることも大事なことかな…と思います。そのために、まだまだな部分も多々ありますが、家族がわかりやすいような収納を心掛けています。（chieさん）

料理に関して、昔は「いかに安く、いかに豪華に」を考えていましたが、子どもが生まれてからは国産の安心な食材、栄養・おいしさたっぷりの旬の食材を選び、体にやさしい料理を心がけるようになりました。（utakoさん）

洗いもの、洗濯、家を整えることを制すれば、仕事が忙しいなかでも気持ちよく暮らせることを実感しています。／変化は進化。ささいなことでも何か気づいたら、積極的に変えていくよう心がけています。前よりさらに自分も家族も気持ちよく暮らしていくために。（髙阪知美さん）

4年くらい前、iPhoneに変え、「my365」やインスタグラムを始めて、ショックを受けたのです。30代や40代の主婦の方がそれはそれは丁寧な暮らしをしていて。毎日バタバタと暮らしてたので、それから少しずつ見直してきました。調味料にもこだわってみたり。「丁寧な暮らし」というのを若い主婦の方たちに教わってる感じです（笑）。（みゆさん）

断捨離をしたり、こんまり流の片づけをしていくうちにだんだん考え方が変わっていくのを感じました。モノを減らす。自分が気持ちよい、心地よいと思えるものを周りに置く、使う。そんなことから、家事が苦役から家を整えていく重要なしごとだと思えるようになりました。（あじさいさん）

■お問い合わせ

本書に関するご質問、正誤表については、下記のWebサイトをご参照ください。

正誤表
http://www.shoeisha.co.jp/book/qa/
刊行物Q&A
http://www.shoeisha.co.jp/book/errata/

インターネットをご利用でない場合は、FAXまたは郵便にて、下記までお問い合わせください。

〒160-0006 東京都新宿区舟町5
FAX番号 03-5362-3818
宛先
（株）翔泳社 愛読者サービスセンター
電話でのご質問はお受けしておりません。

※本書に記載された情報、URL等は予告なく変更される場合があります。
※本書の出版にあたっては正確な記述につとめましたが、著者や出版社などのいずれも、本書の内容に対してなんらかの保証をするものではありません。
※本書に記載されている会社名、製品名はそれぞれ各社の商標および登録商標です。
※掲載の情報は、各著者のブログ掲載時点のものです。

装丁デザイン	米倉 英弘（細山田デザイン事務所）
DTP制作	杉江 耕平
編集	本田 麻湖

みんなの家しごと日記

2015年 6月19日 初版第1刷発行
2015年11月 5日 初版第6刷発行

編者 SE編集部
発行人 佐々木 幹夫
発行所 株式会社 翔泳社（http://www.shoeisha.co.jp）
印刷・製本 株式会社シナノ

●落丁・乱丁はお取り替えいたします。03-5362-3705までご連絡ください。
ISBN978-4-7981-4194-7 Printed in Japan.